HET ULTIEME VENKEL KOOKBOEK

Ontketen de smaak en veelzijdigheid van venkel met 100 verrukkelijke recepten

Melanie   Lindqvist

Auteursrechtelijk materiaal ©2024

Alle rechten voorbehouden

Geen enkel deel van dit boek mag in welke vorm of op welke manier dan ook worden gebruikt of overgedragen zonder de juiste schriftelijke toestemming van de uitgever en eigenaar van het auteursrecht, met uitzondering van korte citaten die in een recensie worden gebruikt. Dit boek mag niet worden beschouwd als vervanging voor medisch, juridisch of ander professioneel advies.

INHOUDSOPGAVE

INHOUDSOPGAVE **3**
INVOERING **6**
ONTBIJT **7**
    1. Venkelzaad Rogge Bagels 8
    2. Tortas De Aceite 10
    3. Airfryer Ontbijtschotel 13
    4. Vijfkruidenpannenkoekjes 15
    5. Venkel, Worst en Aardappelhasj 17
    6. Venkel en Tomaten Ontbijtfrittata 19
    7. Venkel en Gerookte Zalm Ontbijtsalade 21
    8. Venkel en Worst Ontbijthash 23
    9. Venkel en Spinazie Ontbijtfrittata 25
    10. Venkel en Geitenkaas Ontbijttaart 27
    11. Venkel en Appel Ontbijtsalade 29
    12. Venkel en Ricotta Ontbijttoast 31
    13. Venkel en Aardappel Ontbijt Frittata Muffins 33
SNACKS EN VOORGERECHTEN **35**
    14. Italiaanse Venkel Taralli 36
    15. Venkel-uiencrackers 38
    16. Venkel en Geitenkaas Crostini 41
    17. Venkel- en wortelstokjes met yoghurtdip 43
    18. Venkel-olijftapenade Bruschetta 45
    19. Venkel-sinaasappelsalade 47
    20. Canapés van Venkel en Gerookte Zalm 49
    21. Venkel en Avocado Salsa 51
    22. Venkel en Ricotta gevulde champignons 53
    23. Hummus van venkel en kikkererwten 55
    24. Venkel en Geitenkaas Gevulde Dadels 57
    25. Venkel en zongedroogde tomatentapenade Crostini 59
BROODJES EN WIKKELEN **61**
    26. Tempura Visburger Met Venkel 62
    27. Sandwich met gegrilde venkel en kip 65
    28. Kalkoenburgers met venkel en appel 67
    29. Wikkelen met venkel en geroosterde groenten 69
    30. Wikkelen met venkel en gerookte zalm 71
    31. Kippensandwich met venkel en pesto 73
    32. Venkel-witte bonenburger 75
    33. Venkel en Appel Slaw Wikkelen 77

34. Venkel en Rosbief Panini 79
HOOFDGERECHT 81
35. BBQ Lionfish met Sinaasappel- en Venkelslaw 82
36. Spaanse makreel gegrild met appels en bieten 84
37. Peachy Basil kip- en rijstkommen 86
38. Kip-, prei- en champignontaart 89
39. Venkel met champignons en prosciutto 92
40. Ravioli van gerookte zalm met geroosterde ui 95
41. Pompoencurry met pikante zaden 99
42. Gegrilde pompoen en bierworstjes 101
43. Plantaardige Venkel Paella 103
44. Gegrilde zalm met venkelsalade 105
45. Pizza Met Geroosterde Wortels 107
46. Venkelrisotto met pistachenoten 110
47. Venkel & Erwtenrisotto 112
ZIJDEN 114
48. Venkelgratin met Robiola 115
49. Saffraan venkel sous vide 117
50. Geroosterde Venkel Met Parmezaanse Kaas 119
51. Venkel-aardappelgratin 121
52. Gebakken Venkel Met Citroen En Knoflook 123
53. Venkel-sinaasappelsalade met rucola 125
54. Roerbak venkel en groene bonen 127
55. Romige venkel-aardappelsoep 129
56. Salade van venkel en radicchio met citrusvinaigrette 131
57. Gestoofde Venkel met Knoflook en Citroen 133
58. Venkel-wortelsla met appelcidervinaigrette 135
59. Venkel- en Farro-salade met citroen-kruidendressing 137
SOEPEN 139
60. Venkelsoep met eetbare bloemen 140
61. Kreeft Venkel Bouillabaisse 142
62. Italiaanse kippenraviolisoep 145
63. Visstoofpot met Chili 147
64. Spirulina Crème van Bloemkoolsoep 149
65. Romige venkel-aardappelsoep 151
66. Venkel-preisoep met gekruide croutons 153
67. Venkel-wortelsoep met gember 155
68. Romige venkel-aardappelsoep 157
69. Gekruide Venkel- en Linzensoep 159
70. Venkel-tomatensoep met basilicumpesto 161
SALADES 163
71. Witlof-citrussalade met geschaafde venkel 164
72. Tonijn En Witte Bonensalade 166

73. Bietenvenkelsalade 169
74. Goji zomersalade 171
75. Venkel-sinaasappelsalade met rucola 173
76. Salade van geschoren venkel en appel 175
77. Venkel-, radijs- en citrussalade met munt 177
78. Venkel-, avocado- en grapefruitsalade 179
79. Salade met venkel, bieten en geitenkaas 181
80. Citrus-venkelsalade met honing-limoendressing 183
81. Salade met venkel, granaatappel en quinoa 185

NAGERECHT 187
82. Venkel Tres Leches Taart Met Zomerbessen 188
83. Geroosterde peer en blauwe kaassoufflé 192
84. Venkel- en Sinaasappelsorbet 195
85. Venkel en Honing Panna Cotta 197
86. Venkel- en citroenzandkoekkoekjes 199
87. Venkel- en amandeltaart 201

SPECERIJEN 204
88. Ingelegde granaatappel, venkel en komkommer 205
89. Venkel Mango Augurk 207
90. Venkel Ananas Augurk 209
91. Kiwi en Venkel Augurk 211
92. Venkel- en Appelchutney 213
93. Venkel en sinaasappelmarmelade 215
94. Venkel- en mosterdsaus 217

DRANKJES 219
95. Frambozen- en venkellimonade 220
96. Opfriscursus met roos, meloen en venkel 222
97. Kamille- en venkelthee 224
98. Sinaasappel-Venkel Kombucha 226
99. Lavendel- en venkelzaadthee 228
100. Venkelzaad windafdrijvende thee 230

CONCLUSIE 232

INVOERING

Welkom bij 'Het ultieme venkelkookboek', waar we u uitnodigen voor een culinaire reis om de smaak en veelzijdigheid van venkel te ontdekken via 100 verrukkelijke recepten. Venkel is met zijn kenmerkende zoethoutachtige smaak en knapperige textuur een veelzijdig en ondergewaardeerd ingrediënt dat diepte en complexiteit toevoegt aan een breed scala aan gerechten. In dit kookboek vieren we het culinaire potentieel van venkel en laten we het unieke smaakprofiel zien in zowel traditionele als innovatieve recepten.

In dit kookboek ontdek je een schat aan recepten die de heerlijke smaak en veelzijdigheid van venkel benadrukken. Van verfrissende salades en aromatische soepen tot hartige hoofdgerechten en decadente desserts, elk recept is ontworpen om de diverse culinaire toepassingen van dit geliefde ingrediënt te laten zien. Of je nu een doorgewinterde chef-kok bent of een thuiskok die wil experimenteren met nieuwe smaken, in deze collectie is er voor ieder wat wils.

Wat "'Het ultieme venkelkookboek'" onderscheidt, is de nadruk op creativiteit en ontdekking. Hoewel venkel vaak als ondersteunende speler in gerechten wordt gebruikt, zet dit kookboek hem in de schijnwerpers, waardoor zijn unieke smaak in verschillende culinaire contexten tot zijn recht komt. Met eenvoudig te volgen instructies en handige tips raakt u geïnspireerd om venkel op spannende nieuwe manieren in uw kookrepertoire op te nemen, waardoor uw favoriete gerechten diepte en complexiteit krijgen.

In dit kookboek vindt u praktisch advies over het selecteren, bewaren en bereiden van venkel, evenals prachtige fotografie om uw culinaire creaties te inspireren. Of je nu kookt voor een doordeweeks diner, gasten ontvangt of gewoon thuis geniet van een heerlijke maaltijd, 'Het Ultieme Venkelkookboek' heeft alles wat je nodig hebt om het meeste uit dit veelzijdige en smaakvolle ingrediënt te halen.

ONTBIJT

1. Venkelzaad Rogge Bagels

INGREDIËNTEN:

- 2 kopjes broodmeel
- 1 kopje roggemeel
- 1 eetlepel venkelzaad
- 1 eetlepel zout
- 1 eetlepel actieve droge gist
- 1 eetlepel honing
- 1 ½ kopje warm water
- Maïsmeel om te bestuiven

INSTRUCTIES:

a) Meng in een grote mengkom het broodmeel, roggemeel, venkelzaad, zout en gist.
b) Voeg de honing en het warme water toe en roer tot er een plakkerig deeg ontstaat.
c) Kneed het deeg op een met bloem bestoven oppervlak gedurende 10-15 minuten, totdat het glad en elastisch wordt.
d) Doe het deeg in een ingevette kom en dek af met plasticfolie. Laat het 1 uur rijzen op een warme plaats.
e) Verwarm de oven voor op 220°C (425°F) en breng een grote pan water aan de kook.
f) Verdeel het deeg in 5 gelijke stukken en vorm er bagels van. Leg de bagels op een bakplaat bestrooid met maïsmeel.
g) Kook de bagels 2 minuten aan elke kant en leg ze vervolgens terug op de bakplaat.
h) Bestrijk de bagels met ei en bestrooi ze indien gewenst met extra karwijzaad.
i) Bak de bagels 20-25 minuten, tot ze goudbruin en gaar zijn.

2.Tortas De Aceite

INGREDIËNTEN:
- 1 ½ tot 2 ½ kopjes Italiaans 00-meel of taartmeel
- 1 theelepel zeezout
- 2 theelepels venkelzaad
- ½ kopje Spaanse extra vergine olijfolie plus meer voor bakplaten
- ⅔ kopje warm water
- 3 eetlepels ruwe suiker plus extra om te bestrooien
- 2 theelepels actieve droge of instantgist
- Banketbakkerssuiker om te bestuiven
- Universele bloem voor het werkvlak
- 1 groot eiwit geklopt

INSTRUCTIES:
a) Verwarm de oven voor op 230°C.
b) Roer in een grote kom 1 ½ kopje bloem (180 g), zout en venkelzaad door elkaar.
c) Giet de olie in een maatbeker of een andere kom met het water, roer de suiker en gist erdoor en meng goed. Laat een paar minuten rusten tot het schuimig wordt.
d) Maak een kuiltje in het midden van het bloemmengsel en giet langzaam het gistmengsel erin, gebruik een vork om geleidelijk de bloem erdoor te mengen. Wanneer alles begint samen te komen, gebruik je je handen om het tot een glad deeg te mengen. Als het deeg zo plakkerig is, voeg dan een beetje of alle resterende bloem van 1 kopje toe, beetje bij beetje, totdat er een glad deeg ontstaat. Het is heel goed mogelijk dat je minimaal een ½ kopje en zoveel als de volledige 1 kopje moet toevoegen.
e) Bestrijk 2 grote bakplaten lichtjes met olie en bestuif ze met banketbakkerssuiker. Bebloem een schoon werkoppervlak en een deegroller lichtjes met bloem voor alle doeleinden.
f) Verdeel je deeg in 12 stukken van gelijke grootte en vorm elk stuk tot een bal. Rol elke bal uit tot hij bijna doorschijnend is en ongeveer 10 cm in diameter is.
g) Leg elke torta op een bakplaat en bestrijk ze lichtjes met wat losgeklopt eiwit. Bestrooi het deeg eerst licht met banketbakkerssuiker en daarna met een beetje ruwe suiker.
h) Bak gedurende 5 tot 12 minuten, of tot ze goudbruin en knapperig zijn. Houd de torta's goed in de gaten, want ze kunnen binnen enkele seconden verbranden.
i) Breng de tortas onmiddellijk over naar roosters om af te koelen en knapperig te worden.
j) Warm of op kamertemperatuur verslinden. De tortas zullen verbrokkelen tot een schilferige schoonheid als je een hap neemt, en zullen dan binnen enkele seconden snel oplossen in een zoet niets. Zo mooi.

3.Airfryer Ontbijtschotel

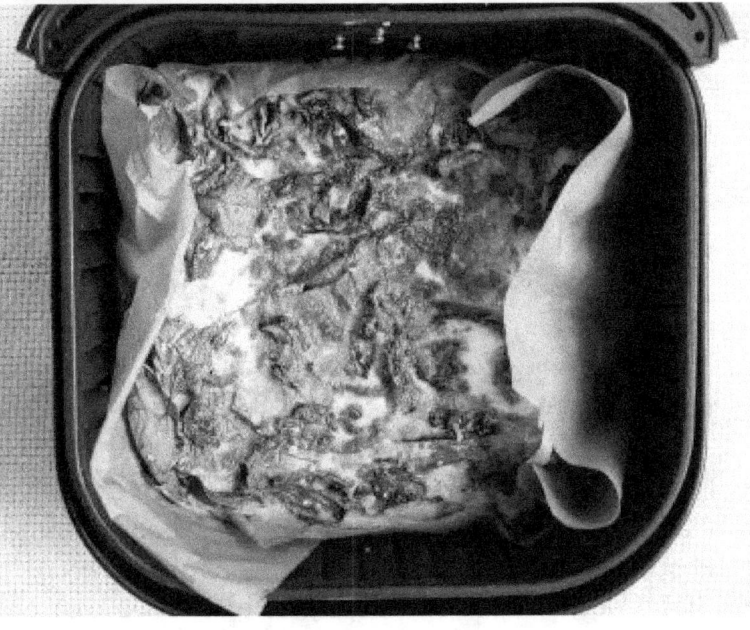

INGREDIËNTEN:
- 1 lb. Gemalen Worst
- 1 theelepel Venkelzaad
- 1 In blokjes gesneden groene paprika
- ½ kopje Colby Jack-kaas, versnipperd
- ¼ kopje ui, in blokjes gesneden
- 8 hele eieren, geslagen
- ½ theelepel knoflookzout

INSTRUCTIES:
a) Gebruik de koekenpanfunctie van de airfryer, voeg de ui en de paprika toe en kook samen met de gemalen worst tot de groenten zacht zijn en de worst gaar is.
b) Gebruik de Airfryer-pan en spuit deze in met antiaanbakspray.
c) Plaats het gemalen worstmengsel op de bodem van de pan. Bestrijk met kaas.
d) Giet de losgeklopte eieren gelijkmatig over de kaas en worst.
e) Voeg venkelzaad en knoflookzout toe en kook gedurende 15 minuten op 390 graden.

4. Vijfkruidenpannenkoekjes

INGREDIËNTEN:
- 1 kopje bloem voor alle doeleinden
- 2 eetlepels kristalsuiker
- 1 theelepel bakpoeder
- ½ theelepel zuiveringszout
- ¼ theelepel zout
- ½ theelepel gemalen kaneel
- ½ theelepel gemalen gember
- ¼ theelepel gemalen kruidnagel
- ¼ theelepel gemalen venkelzaad
- ¼ theelepel gemalen steranijs
- 1 kopje karnemelk
- ½ kopje melk
- 1 groot ei
- 2 eetlepels gesmolten boter

INSTRUCTIES:
a) Meng in een grote kom de bloem, suiker, bakpoeder, zuiveringszout, zout, kaneel, gember, kruidnagel, venkelzaad en steranijs.
b) Klop in een andere kom de karnemelk, melk, ei en gesmolten boter door elkaar.
c) Giet de natte ingrediënten bij de droge ingrediënten en roer tot ze net gemengd zijn.
d) Verhit een koekenpan of bakplaat met antiaanbaklaag op middelhoog vuur en vet deze licht in.
e) Giet voor elke pannenkoek een kwart kopje beslag in de koekenpan. Kook totdat er belletjes op het oppervlak ontstaan, draai dan om en kook nog 1-2 minuten.
f) Herhaal met het resterende beslag. Serveer de pannenkoeken met een beetje poedersuiker en een scheutje honing.

5. Venkel, Worst en Aardappelhasj

INGREDIËNTEN:
- 1 venkelknol, in dunne plakjes gesneden
- 2 aardappelen, in blokjes gesneden
- 1 ui, in blokjes gesneden
- 2 teentjes knoflook, fijngehakt
- 2-3 Italiaanse worsten, omhulsels verwijderd
- Zout en peper naar smaak
- Olijfolie om te koken
- Verse kruiden (zoals peterselie of tijm), gehakt (optioneel)
- Eieren (optioneel, voor serveren)

INSTRUCTIES:

a) Verhit olijfolie in een grote koekenpan op middelhoog vuur. Voeg de in blokjes gesneden aardappelen toe en kook tot ze bruin beginnen te worden, ongeveer 8-10 minuten.

b) Voeg de gesneden venkel, de in blokjes gesneden ui en de gehakte knoflook toe aan de koekenpan. Kook, af en toe roerend, tot de groenten zacht en licht gekarameliseerd zijn, ongeveer 8-10 minuten.

c) Kook ondertussen in een andere koekenpan de Italiaanse worsten op middelhoog vuur en breek ze met een lepel in kleinere stukjes, tot ze bruin en gaar zijn.

d) Zodra de groenten gaar zijn en de worstjes bruin zijn, doe je ze in de koekenpan met de groenten. Roer goed door elkaar en breng op smaak met peper en zout.

e) Maak eventueel kuiltjes in de hasj en breek er de eieren in. Bedek de koekenpan en kook tot de eieren naar wens zijn gekookt.

f) Serveer de venkel, worst en aardappelhash warm, eventueel gegarneerd met gehakte verse kruiden.

6.Venkel en Tomaten Ontbijtfrittata

INGREDIËNTEN:
- 1 venkelknol, in dunne plakjes gesneden
- 1 ui, in dunne plakjes gesneden
- 2 tomaten, in blokjes gesneden
- 6 eieren
- 1/4 kopje melk of room
- Zout en peper naar smaak
- Olijfolie om te koken
- Geraspte kaas (zoals Parmezaanse kaas of cheddar), optioneel

INSTRUCTIES:
a) Verwarm uw oven voor op 175°C.
b) Verhit olijfolie in een ovenbestendige koekenpan op middelhoog vuur. Voeg de gesneden venkel en ui toe aan de koekenpan en kook tot ze zacht en licht gekarameliseerd zijn, ongeveer 8-10 minuten.
c) Voeg de in blokjes gesneden tomaten toe aan de pan en kook nog eens 2-3 minuten.
d) Klop in een mengkom de eieren, melk of room, zout en peper samen.
e) Giet het eimengsel over de groenten in de koekenpan en zorg ervoor dat ze gelijkmatig verdeeld zijn.
f) Kook de frittata 3-4 minuten op het fornuis, tot de randen beginnen te stollen.
g) Strooi indien gewenst geraspte kaas over de frittata.
h) Zet de koekenpan in de voorverwarmde oven en bak 12-15 minuten, of tot de frittata stevig is en licht goudbruin is.
i) Haal uit de oven en laat iets afkoelen voordat je het snijdt en serveert.

7.Venkel en Gerookte Zalm Ontbijtsalade

INGREDIËNTEN:
- 1 venkelknol, in dunne plakjes gesneden
- 1 appel, in dunne plakjes gesneden
- 4 oz gerookte zalm, in plakjes gesneden
- 2 kopjes gemengde groenten
- 1/4 kopje gehakte walnoten of amandelen
- Sap van 1 citroen
- Olijfolie
- Zout en peper naar smaak

INSTRUCTIES:
a) Meng in een grote kom de gesneden venkel, appel, gemengde groenten en gehakte noten.
b) Besprenkel de salade met olijfolie en citroensap en breng op smaak met peper en zout. Meng voorzichtig om te combineren.
c) Verdeel de salade over borden en beleg elke portie met plakjes gerookte zalm.
d) Serveer de ontbijtsalade met venkel en gerookte zalm direct, eventueel vergezeld van je favoriete ontbijtbrood of toast.

8. Venkel en Worst Ontbijthash

INGREDIËNTEN:
- 1 eetlepel olijfolie
- 1 pond ontbijtworst, omhulsel verwijderd
- 1 grote aardappel, in blokjes gesneden
- 1 kleine ui, in blokjes gesneden
- 1 venkelknol, in dunne plakjes gesneden
- 1 theelepel venkelzaad
- Zout en peper naar smaak
- 4 eieren
- Verse peterselie, gehakt (voor garnering)

INSTRUCTIES:

a) Verhit olijfolie in een grote koekenpan op middelhoog vuur. Voeg de ontbijtworst toe en kook, breek hem uit elkaar met een lepel, tot hij bruin en gaar is.

b) Voeg de in blokjes gesneden aardappel toe aan de koekenpan en kook tot ze goudbruin en zacht zijn, af en toe roeren.

c) Roer de in blokjes gesneden ui en de gesneden venkelknol erdoor. Kook tot het zacht is.

d) Voeg venkelzaad, zout en peper naar smaak toe. Laat nog 2-3 minuten koken zodat de smaken zich kunnen vermengen.

e) Maak vier kuiltjes in het hasjmengsel en breek in elk kuiltje een ei. Bedek de koekenpan en kook tot de eieren de gewenste gaarheid hebben bereikt.

f) Serveer de ontbijthash warm, gegarneerd met verse gehakte peterselie.

9.Venkel en Spinazie Ontbijtfrittata

INGREDIËNTEN:
- 8 eieren
- 1 venkelknol, in dunne plakjes gesneden
- 2 kopjes babyspinazieblaadjes
- 1/2 kopje geraspte Parmezaanse kaas
- 2 eetlepels olijfolie
- Zout en peper naar smaak

INSTRUCTIES:
a) Verwarm uw oven voor op 190°C.
b) Verhit olijfolie in een ovenbestendige koekenpan op middelhoog vuur. Voeg gesneden venkel toe en kook tot het zacht is, ongeveer 5 minuten.
c) Voeg babyspinazieblaadjes toe aan de koekenpan en kook tot ze verwelkt zijn.
d) Klop in een kom de eieren, geraspte Parmezaanse kaas, zout en peper door elkaar.
e) Giet het eimengsel in de koekenpan over de gekookte venkel en spinazie. Roer voorzichtig om de ingrediënten gelijkmatig te verdelen.
f) Kook de frittata 3-4 minuten op het fornuis tot de randen beginnen te stollen.
g) Zet de koekenpan in de voorverwarmde oven en bak 10-12 minuten, of tot de frittata gaar is en goudbruin aan de bovenkant.
h) Haal het uit de oven en laat het iets afkoelen voordat je het snijdt en serveert.

10. Venkel en Geitenkaas Ontbijttaart

INGREDIËNTEN:
- 1 vel diepvriesbladerdeeg, ontdooid
- 1 venkelknol, in dunne plakjes gesneden
- 4 ons geitenkaas, verkruimeld
- 2 eetlepels honing
- Verse tijmblaadjes, ter garnering
- Zout en peper naar smaak

INSTRUCTIES:
a) Verwarm uw oven voor op 200°C.
b) Rol het ontdooide bladerdeeg op een licht met bloem bestoven werkblad uit tot een rechthoek. Breng het over naar een met bakpapier beklede bakplaat.
c) Verdeel de dun gesneden venkel over het bladerdeeg en laat een rand langs de randen vrij.
d) Verdeel de verkruimelde geitenkaas gelijkmatig over de venkelplakken. Druppel honing erover.
e) Breng op smaak met zout en peper.
f) Bak in de voorverwarmde oven gedurende 20-25 minuten, of tot het deeg goudbruin is en de toppings gekarameliseerd zijn.
g) Haal het uit de oven en laat het iets afkoelen. Garneer voor het serveren met verse tijmblaadjes. Snijd in plakjes en geniet ervan, warm of op kamertemperatuur.

11. Venkel en Appel Ontbijtsalade

INGREDIËNTEN:
- 1 venkelknol, in dunne plakjes gesneden
- 1 appel, in dunne plakjes gesneden
- 1/4 kop geroosterde walnoten, gehakt
- 2 eetlepels vers citroensap
- 1 eetlepel honing
- 2 eetlepels extra vergine olijfolie
- Zout en peper naar smaak
- Verse peterselie- of venkelbladeren, voor garnering

INSTRUCTIES:
a) Meng in een grote kom de gesneden venkel, de gesneden appel en de geroosterde walnoten.
b) Meng in een kleine kom het verse citroensap, de honing, de extra vergine olijfolie, het zout en de peper tot de dressing.
c) Giet de dressing over de salade-ingrediënten en roer gelijkmatig door elkaar.
d) Garneer de salade voor het serveren met verse peterselie of venkelbladeren.

12. Venkel en Ricotta Ontbijttoast

INGREDIËNTEN:
- 4 sneetjes volkorenbrood, geroosterd
- 1 venkelknol, in dunne plakjes gesneden
- 1/2 kopje ricottakaas
- Schil van 1 citroen
- 1 eetlepel gehakte verse dille
- Zout en peper naar smaak
- Olijfolie, om te besprenkelen

INSTRUCTIES:
a) Meng in een kleine kom de ricottakaas, de citroenschil, de gehakte verse dille, het zout en de peper.
b) Verdeel het ricottamengsel gelijkmatig over de geroosterde sneetjes volkorenbrood.
c) Beleg elke toast met dun gesneden venkel.
d) Besprenkel met olijfolie en bestrooi indien gewenst met extra zout en peper.
e) Serveer de ontbijttoast met venkel en ricotta onmiddellijk.

13.Venkel en Aardappel Ontbijt Frittata Muffins

INGREDIËNTEN:
- 6 grote eieren
- 1 venkelknol, fijngesneden
- 1 kleine aardappel, geschild en in blokjes gesneden
- 1/4 kop geraspte Parmezaanse kaas
- 2 eetlepels gehakte verse peterselie
- Zout en peper naar smaak
- Kookspray of olijfolie, voor het invetten van muffinvormpjes

INSTRUCTIES:
a) Verwarm uw oven voor op 190°C. Vet een muffinvorm in met bakspray of olijfolie.
b) Klop in een kom de eieren, geraspte Parmezaanse kaas, gehakte verse peterselie, zout en peper.
c) Verdeel de fijngesneden venkel en aardappel gelijkmatig over de muffinvormpjes.
d) Giet het eimengsel over de venkel en aardappel in elke muffinvorm en vul bijna tot de bovenkant.
e) Bak in de voorverwarmde oven gedurende 20-25 minuten, of tot de frittata-muffins stevig zijn en goudbruin aan de bovenkant.
f) Haal het uit de oven en laat iets afkoelen voordat je het uit de muffinvorm haalt. Serveer warm of op kamertemperatuur.

SNACKS EN VOORGERECHTEN

14.Italiaanse Venkel Taralli

INGREDIËNTEN:
- 3 kopjes bloem voor alle doeleinden
- 1 theelepel zout
- 1 theelepel zwarte peper
- 1 theelepel venkelzaad
- ¼ kopje extra vergine olijfolie
- 1 kopje droge witte wijn

INSTRUCTIES:
a) Verwarm uw oven voor op 175°C (350°F) en bekleed een bakplaat met bakpapier.
b) Meng de bloem, het zout, de zwarte peper en het venkelzaad in een grote kom.
c) Voeg de olijfolie toe aan de kom en meng tot alles goed is opgenomen.
d) Voeg geleidelijk de witte wijn toe en meng tot er een deeg ontstaat.
e) Leg het deeg op een met bloem bestoven oppervlak en kneed het een paar minuten tot het glad is.
f) Verdeel het deeg in kleine stukjes en rol elk stuk in een touwvorm, ongeveer ½ inch dik en 10-15 cm lang.
g) Vorm elk touw in de vorm van een krakeling en druk de uiteinden tegen elkaar om vast te zetten.
h) Plaats de pretzels op de voorbereide bakplaat.
i) Bak gedurende 20-25 minuten of tot ze goudbruin zijn.
j) Laat de taralli afkoelen voordat je hem serveert.

15. Venkel-uiencrackers

INGREDIËNTEN:
- 2 kopjes All-purpose Flour
- 2 eetlepels Venkelzaad
- 1½ theelepel zout
- 1 theelepel Zwarte peper
- ¼ kopje plus 2 eetlepels bakvet
- 2 eetlepels (¼ stokje) Boter of margarine, zacht
- 1¼ kopjes gehakte ui (ongeveer één middelgrote ui)
- 2 eetlepels Water

INSTRUCTIES:
a) Verwarm de oven voor op 190°C.
b) Begin met het grof malen van de venkelzaadjes. Je kunt een voedselmolen of een blender gebruiken, of ze met de hand hakken met een mes. Misschien wil je een grotere batch malen, zodat je ze bij de hand hebt voor toekomstige recepten. Als je een sterkere venkelsmaak wenst, maal dan wat extra zaadjes om over de crackers te strooien.
c) Meng in een keukenmachine of een grote mengkom het bloem voor alle doeleinden, gemalen venkelzaad, zout en zwarte peper.
d) Snijd het bakvet en de zachte boter erdoor tot het mengsel op een grove maaltijd lijkt.
e) Roer de gehakte ui erdoor en voeg voldoende water toe om een soepel deeg te vormen dat bij elkaar blijft in een samenhangende bal.
f) Verdeel het deeg in 2 gelijke porties om uit te rollen.
g) Rol elke portie op een met bloem bestoven oppervlak of een deegdoek uit tot een rechthoek van ⅛ tot ¼ inch dik.
h) Bestrooi het uitgerolde deeg indien gewenst licht en gelijkmatig met extra gemalen venkelzaad. Rol de deegroller voorzichtig over het deeg om het aan te drukken.
i) Gebruik een scherp mes om het deeg in vierkanten van 2 inch te snijden en breng deze vierkanten vervolgens over op een niet ingevette bakplaat.
j) Prik elk vierkant 2 of 3 keer in met de tanden van een vork.
k) Bak in de voorverwarmde oven gedurende 15 tot 20 minuten, of totdat de crackers goudbruin worden aan de randen.
l) Haal de venkel-uiencrackers na het bakken uit de oven en laat ze afkoelen op een rooster.
m) Deze smaakvolle crackers zijn schilferig, zacht en knapperig, met de uitgesproken smaak van venkel en de hartige toevoeging van gehakte ui.

16. Venkel en Geitenkaas Crostini

INGREDIËNTEN:
- Stokbrood, gesneden
- 1 venkelknol, in dunne plakjes gesneden
- 4 ons geitenkaas
- 2 eetlepels honing
- Olijfolie
- Zout en peper naar smaak

INSTRUCTIES:
a) Verwarm de oven voor op 190°C.
b) Leg de sneetjes stokbrood op een bakplaat en bestrijk ze lichtjes met olijfolie. Bak gedurende 8-10 minuten, of tot ze knapperig en goudbruin zijn.
c) Verhit een beetje olijfolie in een koekenpan op middelhoog vuur. Voeg de dun gesneden venkel toe en kook tot hij zacht en gekarameliseerd is, ongeveer 8-10 minuten. Breng op smaak met zout en peper.
d) Verdeel de geitenkaas op elk geroosterd sneetje stokbrood.
e) Bestrijk elke crostini met gekarameliseerde venkel.
f) Druppel honing over de crostini en serveer onmiddellijk.

17. Venkel- en wortelstokjes met yoghurtdip

INGREDIËNTEN:
- 1 venkelknol, in stokjes gesneden
- 2 wortels, in staafjes gesneden
- 1 kopje Griekse yoghurt
- 1 eetlepel citroensap
- 1 eetlepel gehakte verse dille
- Zout en peper naar smaak

INSTRUCTIES:
a) Meng in een kom de Griekse yoghurt, het citroensap, de gehakte verse dille, het zout en de peper om de dip te maken.
b) Schik de venkel- en wortelstokjes op een serveerschaal.
c) Serveer de venkel- en wortelstokjes met de yoghurtdip apart om te dippen.

18.Venkel-olijftapenade Bruschetta

INGREDIËNTEN:
- Stokbrood, gesneden
- 1 venkelknol, fijngehakt
- 1/2 kop Kalamata-olijven, ontpit en gehakt
- 2 eetlepels kappertjes, gehakt
- 2 teentjes knoflook, fijngehakt
- 2 eetlepels olijfolie
- 1 eetlepel citroensap
- Zout en peper naar smaak
- Verse peterselie, gehakt (voor garnering)

INSTRUCTIES:
a) Verwarm de oven voor op 190°C.
b) Leg de sneetjes stokbrood op een bakplaat en rooster ze 8-10 minuten in de oven, of tot ze knapperig en goudbruin zijn.
c) Meng in een kom de fijngehakte venkel, gehakte Kalamata-olijven, gehakte kappertjes, gehakte knoflook, olijfolie, citroensap, zout en peper om de tapenade te maken.
d) Schep op elk sneetje geroosterd stokbrood de venkel- en olijventapenade.
e) Garneer met gehakte verse peterselie en serveer onmiddellijk.

19. Venkel-sinaasappelsalade

INGREDIËNTEN:
- 1 venkelknol, in dunne plakjes gesneden
- 2 sinaasappels, geschild en in dunne plakjes gesneden
- 1/4 kopje gesneden amandelen, geroosterd
- 2 eetlepels vers citroensap
- 2 eetlepels extra vergine olijfolie
- 1 eetlepel honing
- Zout en peper naar smaak
- Verse muntblaadjes, voor garnering

INSTRUCTIES:
a) Meng in een grote kom de dun gesneden venkel en sinaasappels.
b) Meng in een kleine kom het verse citroensap, de extra vergine olijfolie, de honing, het zout en de peper tot de dressing.
c) Giet de dressing over de venkel- en sinaasappelschijfjes en schep voorzichtig om.
d) Doe de salade op een serveerschaal en bestrooi met geroosterde gesneden amandelen.
e) Garneer voor het serveren met verse muntblaadjes.

20.Canapés van Venkel en Gerookte Zalm

INGREDIËNTEN:
- Stokbroodplakken, geroosterd
- 1 venkelknol, in dunne plakjes gesneden
- 4 ons gerookte zalm, in plakjes gesneden
- 1/4 kopje crème fraîche of roomkaas
- Verse dille, ter garnering
- Citroenschil, voor garnering

INSTRUCTIES:
a) Smeer op elk sneetje geroosterd stokbrood een dun laagje crème fraîche of roomkaas.
b) Beleg met dun gesneden venkel en plakjes gerookte zalm.
c) Garneer voor het serveren met verse dille en citroenschil.

21. Venkel en Avocado Salsa

INGREDIËNTEN:
- 1 venkelknol, in blokjes gesneden
- 2 rijpe avocado's, in blokjes gesneden
- 1 tomaat, in blokjes gesneden
- 1/4 kopje rode ui, fijngehakt
- 1 jalapeñopeper, zonder zaadjes en fijngehakt
- 2 eetlepels vers limoensap
- 2 eetlepels gehakte verse koriander
- Zout en peper naar smaak

INSTRUCTIES:
a) Meng in een kom de in blokjes gesneden venkel, de in blokjes gesneden avocado's, de in blokjes gesneden tomaat, de gehakte rode ui en de fijngehakte jalapeñopeper.
b) Voeg vers limoensap en gehakte verse koriander toe aan de kom.
c) Breng op smaak met zout en peper, en roer voorzichtig door elkaar.
d) Serveer de venkel-avocadosalsa met tortillachips of als topping voor gegrilde vis of kip.

22. Venkel en Ricotta gevulde champignons

INGREDIËNTEN:
- 12 grote champignons, stengels verwijderd en hoedjes schoongemaakt
- 1 venkelknol, fijngehakt
- 1/2 kopje ricottakaas
- 1/4 kop geraspte Parmezaanse kaas
- 2 eetlepels broodkruimels
- 2 teentjes knoflook, fijngehakt
- 2 eetlepels gehakte verse peterselie
- Zout en peper naar smaak
- Olijfolie, om te besprenkelen

INSTRUCTIES:
a) Verwarm de oven voor op 190°C. Vet een ovenschaal in met olijfolie.
b) Meng in een kom de gehakte venkel, ricotta, geraspte Parmezaanse kaas, broodkruimels, gehakte knoflook, gehakte verse peterselie, zout en peper.
c) Schep de vulling in de champignonhoedjes en plaats ze in de voorbereide ovenschaal.
d) Besprenkel met olijfolie en bak in de voorverwarmde oven gedurende 20-25 minuten, of tot de champignons gaar zijn en de vulling goudbruin is.
e) Serveer de gevulde champignons warm als heerlijk aperitiefhapje.

23. Hummus van venkel en kikkererwten

INGREDIËNTEN:
- 1 blik kikkererwten (15 ons), uitgelekt en afgespoeld
- 1 venkelknol, gehakt
- 2 teentjes knoflook, fijngehakt
- 2 eetlepels tahin
- 2 eetlepels vers citroensap
- 2 eetlepels olijfolie
- 1/2 theelepel gemalen komijn
- Zout en peper naar smaak
- Water (indien nodig voor consistentie)
- Optionele garnering: gehakte verse peterselie, paprika

INSTRUCTIES:
a) Meng in een keukenmachine de kikkererwten, gehakte venkel, gehakte knoflook, tahini, vers citroensap, olijfolie, gemalen komijn, zout en peper.
b) Meng tot een gladde massa en voeg indien nodig water toe om de gewenste consistentie te bereiken.
c) Proef en pas indien nodig de smaak aan.
d) Doe de hummus in een serveerschaal en garneer eventueel met gehakte verse peterselie en een snufje paprikapoeder.
e) Serveer met pitabroodje, crackers of verse groentesticks om te dippen.

24. Venkel en Geitenkaas Gevulde Dadels

INGREDIËNTEN:
- 12 Medjool dadels, ontpit
- 4 ons geitenkaas
- 1 venkelknol, in dunne plakjes gesneden
- Schat, voor de motregen
- Optionele garnering: gehakte pistachenoten

INSTRUCTIES:
a) Vul elke ontpitte dadel met een kleine hoeveelheid geitenkaas.
b) Beleg elke gevulde dadel met een plakje dun gesneden venkel.
c) Druppel honing over de gevulde dadels.
d) Garneer eventueel met gehakte pistachenoten voor extra textuur en smaak.
e) Serveer als zoet en hartig voorgerecht of tussendoortje.

25. Venkel en zongedroogde tomatentapenade Crostini

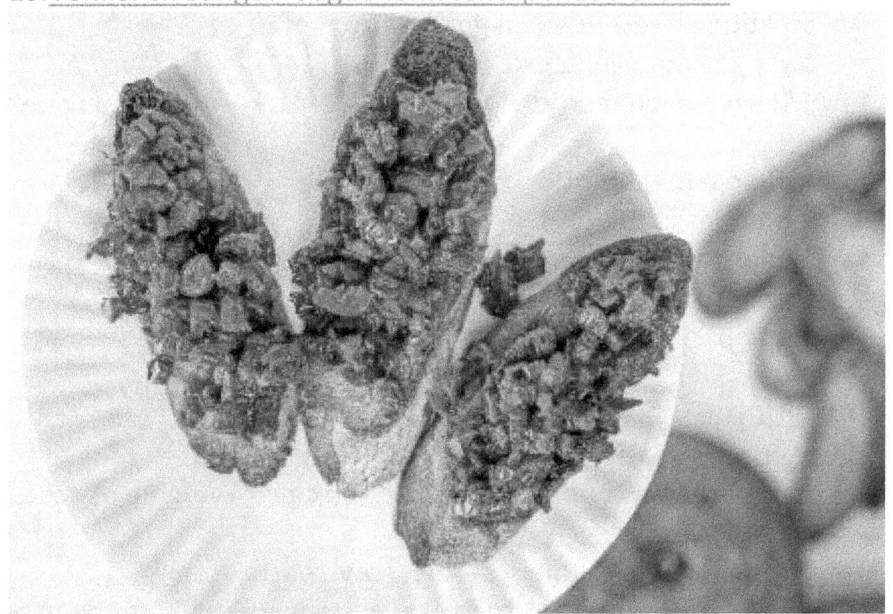

INGREDIËNTEN:
- Stokbrood, gesneden en geroosterd
- 1 venkelknol, fijngehakt
- 1/2 kopje zongedroogde tomaten (verpakt in olie), uitgelekt en gehakt
- 2 eetlepels kappertjes, uitgelekt
- 2 teentjes knoflook, fijngehakt
- 2 eetlepels extra vergine olijfolie
- Zout en peper naar smaak
- Verse basilicumblaadjes, ter garnering

INSTRUCTIES:
a) Meng in een keukenmachine de fijngehakte venkel, zongedroogde tomaten, kappertjes, gehakte knoflook, extra vergine olijfolie, zout en peper.
b) Pulseer totdat het mengsel een grove pasta vormt.
c) Verdeel de tapenade van venkel en zongedroogde tomaten op elk sneetje geroosterd stokbrood.
d) Garneer elke crostini met een vers basilicumblaadje.
e) Serveer als smaakvol aperitief- of tussendoortje.

BROODJES EN WIKKELEN

26. Tempura Visburger Met Venkel

INGREDIËNTEN:
- 1 kopje (250 ml) appelciderazijn
- 2 eetlepels witte suiker
- 1 theelepel mosterdzaad en karwijzaad
- 2 gedroogde chilipepers
- 1 venkelknol, in dunne plakjes gesneden
- 2 Libanese komkommers, in dunne plakjes gesneden
- 1 klein bosje dille
- ¾ kopje (225 g) aioli
- Zonnebloemolie, om te frituren
- 200 g tempurameel, plus extra om te bestuiven
- 2 middelgrote snapperfilets, zonder been, elke filet doormidden gesneden
- 4 grote briochebroodjes, geroosterd
- IJsbergsla, om te serveren

INSTRUCTIES:
a) Meng in een pan de appelazijn, witte suiker, mosterdzaad, karwijzaad, gedroogde pepers, 2 theelepels zoutvlokken en ¾ kopje (180 ml) water.
b) Breng het mengsel aan de kook, zet het vuur laag en laat het 5 minuten sudderen. Doe de dun gesneden venkel, komkommer en driekwart van de dille in een hittebestendige kom.
c) Giet het hete azijnmengsel erover en zet het opzij om af te koelen en lichtjes in te pekelen gedurende minimaal 10 minuten.
d) Verhit zonnebloemolie in een frituurpan of grote pan tot 190°C (een blokje brood wordt in 10 seconden goudbruin als de olie heet genoeg is).
e) Volg de instructies op het pakje tempurameel om het beslag te maken.
f) Bestuif de vis lichtjes met extra bloem en haal hem door het beslag. Frituur de vis, één keer draaiend, gedurende 2-3 minuten tot ze goudbruin zijn. Laat ze uitlekken op keukenpapier.

MONTEER DE BURGERS:
g) Giet de helft van de augurken af (de rest kun je in een afgesloten bakje in de koelkast maximaal 2 weken bewaren).
h) Bestrijk de bodems van de geroosterde briochebroodjes met de helft van de dille-aioli en beleg ze met sla, de in tempura gebakken vis, de augurk en de resterende dille-aioli. Beleg ten slotte de burgers met de bovenkant van de broodjes.
i) Geniet van je heerlijke Tempura Visburger met Komkommer en Venkel Augurk!

27.Sandwich met gegrilde venkel en kip

INGREDIËNTEN:
- 2 kipfilets zonder bot en zonder vel
- 1 venkelknol, in dunne plakjes gesneden
- 1 eetlepel olijfolie
- Zout en peper naar smaak
- 4 sneetjes volkorenbrood
- 1/4 kopje geitenkaas
- 2 eetlepels honing
- Handvol rucola

INSTRUCTIES:
a) Verwarm de grill of grillpan voor op middelhoog vuur.
b) Bestrijk de kipfilets met olijfolie en breng op smaak met zout en peper.
c) Grill de kip gedurende 5-6 minuten per kant of tot hij gaar is. Haal van de grill en laat rusten.
d) Meng ondertussen de venkelplakken met olijfolie, zout en peper. Grill 2-3 minuten per kant tot ze gaar zijn.
e) Rooster sneetjes volkorenbrood.
f) Verdeel geitenkaas op geroosterde sneetjes brood. Besprenkel met honing.
g) Snijd de gegrilde kip in plakjes en leg deze op de geitenkaas.
h) Beleg met gegrilde venkel en rucola.
i) Sluit de sandwich en serveer onmiddellijk.

28. Kalkoenburgers met venkel en appel

INGREDIËNTEN:
- 1 pond gemalen kalkoen
- 1 venkelknol, geraspt
- 1 appel, geraspt
- 1/4 kop broodkruimels
- 1 ei
- 2 teentjes knoflook, fijngehakt
- 1 theelepel gedroogde tijm
- Zout en peper naar smaak
- Hamburger broodjes
- Optionele toppings: sla, tomaat, mayonaise

INSTRUCTIES:

a) Meng in een grote kom gemalen kalkoen, geraspte venkel, geraspte appel, paneermeel, ei, gehakte knoflook, gedroogde tijm, zout en peper.

b) Meng tot alles goed gemengd is en vorm er hamburgerpasteitjes van.

c) Verhit een grill- of grillpan op middelhoog vuur. Kook de burgers 5-6 minuten per kant, of tot ze gaar zijn.

d) Rooster de burgerbroodjes indien gewenst op de grill.

e) Stel hamburgers samen met optionele toppings en serveer warm.

29. Wikkelen met venkel en geroosterde groenten

INGREDIËNTEN:
- 1 venkelknol, in dunne plakjes gesneden
- 1 rode paprika, in dunne plakjes gesneden
- 1 gele paprika, in dunne plakjes gesneden
- 1 courgette, in dunne plakjes gesneden
- 1 ui, in dunne plakjes gesneden
- 2 eetlepels olijfolie
- Zout en peper naar smaak
- 4 grote volkoren wikkelen
- 1/2 kopje hummus
- Handvol babyspinazie

INSTRUCTIES:
a) Verwarm de oven voor op 200 °C.
b) Leg de gesneden venkel, paprika, courgette en ui op een bakplaat. Besprenkel met olijfolie en breng op smaak met peper en zout. Gooi om te coaten.
c) Rooster de groenten in de voorverwarmde oven gedurende 20-25 minuten, of tot ze zacht en licht gekaramelliseerd zijn.
d) Warm volkoren wikkelen op in de oven of magnetron.
e) Verdeel de hummus gelijkmatig over elke wikkelen.
f) Leg de geroosterde groenten en babyspinazie op de hummus.
g) Rol de wikkelen strak op, snijd ze indien gewenst doormidden en serveer.

30. Wikkelen met venkel en gerookte zalm

INGREDIËNTEN:
- 4 grote volkoren wikkelen
- 8 ons gerookte zalm
- 1 venkelknol, in dunne plakjes gesneden
- 1/2 kop Griekse yoghurt
- 2 eetlepels verse dille, gehakt
- 2 eetlepels kappertjes, uitgelekt
- Schil en sap van 1 citroen
- Zout en peper naar smaak

INSTRUCTIES:
a) Meng in een kleine kom Griekse yoghurt, gehakte verse dille, kappertjes, citroenschil en citroensap. Breng op smaak met zout en peper.
b) Leg de volkoren wikkelen neer en verdeel een royale hoeveelheid van het yoghurtmengsel over elke wikkelen.
c) Verdeel de gerookte zalm en de dun gesneden venkel gelijkmatig over de wikkelen.
d) Rol de wikkelen strak op, snijd ze indien gewenst doormidden en serveer onmiddellijk.

31.Kippensandwich met venkel en pesto

INGREDIËNTEN:
- 2 kipfilets zonder bot en zonder vel
- 1 venkelknol, in dunne plakjes gesneden
- 4 sneetjes ciabattabrood
- 4 eetlepels basilicumpesto
- 1 tomaat, in plakjes gesneden
- Handvol babyspinazie
- Zout en peper naar smaak

INSTRUCTIES:
a) Verwarm de grill of grillpan voor op middelhoog vuur.
b) Kruid de kipfilets met zout en peper en gril ze 5-6 minuten per kant of tot ze gaar zijn. Haal van de grill en laat rusten.
c) Rooster de sneetjes ciabattabrood.
d) Verdeel basilicumpesto aan één kant van elk sneetje geroosterd brood.
e) Snijd de gegrilde kip in plakjes en verdeel gelijkmatig over de sneetjes brood.
f) Beleg met gesneden venkel, plakjes tomaat en babyspinazie.
g) Sluit de broodjes en serveer direct.

32. Venkel-witte bonenburger

INGREDIËNTEN:
- 1 venkelknol, fijngehakt
- 1 blikje witte bonen (15 oz), uitgelekt en afgespoeld
- 1/2 kopje broodkruimels
- 1/4 kop geraspte Parmezaanse kaas
- 1 ei
- 2 teentjes knoflook, fijngehakt
- 1 theelepel gedroogde oregano
- Zout en peper naar smaak
- Hamburger broodjes
- Optionele toppings: sla, tomaat, avocado

INSTRUCTIES:
a) Meng in een keukenmachine de gehakte venkel, witte bonen, paneermeel, Parmezaanse kaas, ei, gehakte knoflook, gedroogde oregano, zout en peper. Pulseer tot het mengsel gemengd is, maar nog steeds een beetje dik.
b) Vorm het mengsel tot burgerpasteitjes.
c) Verhit een koekenpan op middelhoog vuur en bestrijk met kookspray of olijfolie. Bak de hamburgers 4-5 minuten per kant, of tot ze goudbruin en warm zijn.
d) Rooster indien gewenst de hamburgerbroodjes in de koekenpan.
e) Stel hamburgers samen met optionele toppings en serveer warm.

33. Venkel en Appel Slaw Wikkelen

INGREDIËNTEN:
- 1 venkelknol, in dunne plakjes gesneden
- 1 appel, julienne gesneden
- 1 wortel, julienne gesneden
- 1/4 kopje Griekse yoghurt
- 2 eetlepels appelazijn
- 1 eetlepel honing
- Zout en peper naar smaak
- 4 grote volkoren wikkelen
- Handvol gemengde groenten

INSTRUCTIES:
a) Meng in een grote kom dun gesneden venkel, julienne appel en julienne wortel.
b) Meng in een kleine kom Griekse yoghurt, appelciderazijn, honing, zout en peper om de dressing te maken.
c) Giet de dressing over het mengsel van venkel, appel en wortel. Gooi tot het goed bedekt is.
d) Warm volkoren wikkelen op in de oven of magnetron.
e) Leg op elke wikkelen een handvol gemengde groenten en beleg met venkel en appelsla.
f) Rol de wikkelen strak op, snijd ze indien gewenst doormidden en serveer.

34. Venkel en Rosbief Panini

INGREDIËNTEN:
- 1 venkelknol, in dunne plakjes gesneden
- 8 sneetjes zuurdesembrood
- 8 plakjes rosbief
- 4 plakjes provolonekaas
- 1/4 kop mayonaise
- 2 eetlepels Dijonmosterd
- Olijfolie of boter, om te grillen

INSTRUCTIES:
a) Verwarm een paninipers of grillpan op middelhoog vuur.
b) Meng mayonaise en Dijon-mosterd in een kleine kom.
c) Verdeel het mayonaisemengsel aan één kant van elk sneetje zuurdesembrood.
d) Leg rosbief, provolonekaas en dun gesneden venkel op de helft van de sneetjes brood. Beleg met de resterende sneetjes brood.
e) Bestrijk de buitenkant van de sandwiches met olijfolie of boter.
f) Leg de sandwiches op de paninipers of grillpan en bak ze 3-4 minuten, of tot het brood goudbruin is en de kaas gesmolten is.
g) Haal van het vuur, snijd desgewenst doormidden en serveer warm.

HOOFDGERECHT

35. BBQ Lionfish met Sinaasappel- en Venkelslaw

INGREDIËNTEN:
- 1 grote bol venkel, in dunne plakjes gesneden
- 1 kleine kool, versnipperd
- 1 teentje knoflook, fijngehakt
- 2 grote sinaasappelen, geschild en in plakjes gesneden
- 1 kleine rode ui, in dunne plakjes gesneden
- ¼ kopje Haïtiaanse amandelen
- 1 theelepel koosjer zout
- ½ theelepel versgemalen zwarte peperkorrels
- 3 eetlepels olijfolie
- 6 blaadjes verse basilicum, gescheurd
- 3 eetlepels vers citroensap
- ½ theelepel gemalen korianderzaad
- 4 grote koraalduivelfilets

INSTRUCTIES:
BEREIDING VAN DE SINAASAPPELSLAW:
a) Meng in een kleine kom de venkel en kool met knoflook, plakjes van 1 sinaasappel, ui, amandelen, ½ theelepel zout, ¼ theelepel zwarte peper, 2 eetlepels olijfolie en vers gescheurde basilicum. Dek af en zet een half uur in de koelkast.

OM DE LEEUWVIS TE KOKEN:
b) Verhit een houtskoolbarbecue en bestrijk deze met een eetlepel olie. Breng de koraalduivel op smaak met het resterende zout, peper en gemalen korianderzaad.

c) Leg de filets op het directe vuur en gril de eerste kant gedurende 2 minuten. Draai ze vervolgens voorzichtig om en bak de tweede kant nog eens 2 tot 3 minuten tot ze net gaar zijn.

d) Schep 2 tot 3 eetlepels sinaasappelsla op de borden. Plaats de BBQ-lionfish op elke heuvel. Garneer met de overgebleven sinaasappelschijfjes.

36. Spaanse makreel gegrild met appels en bieten

INGREDIËNTEN:
- 2 Spaanse makreel (elk ongeveer 2 pond), geschubd en schoongemaakt, met verwijderde kieuwen
- 2¼ kopjes venkelpekel
- 1 eetlepel olijfolie
- 1 middelgrote ui, fijngehakt
- 2 middelgrote bieten, geroosterd, gekookt, gegrild of ingeblikt; fijn gesneden
- 1 zure appel, geschild, klokhuis verwijderd en fijngehakt
- 1 teentje knoflook, fijngehakt
- 1 eetlepel fijngehakte verse dille- of venkelbladeren
- 2 eetlepels verse geitenkaas
- 1 limoen, in 8 partjes gesneden

INSTRUCTIES:
a) Spoel de vis af en doe hem met de pekel in een zak met ritssluiting van 1 gallon, druk de lucht eruit en sluit de zak. Zet 2 tot 6 uur in de koelkast.

b) Verhit de olie in een grote koekenpan op middelhoog vuur. Voeg de uien toe en bak tot ze gaar zijn, ongeveer 3 minuten. Voeg de bieten en de appel toe en bak tot de appel gaar is, ongeveer 4 minuten. Roer de knoflook en dille erdoor en verwarm ongeveer 1 minuut. Laat het mengsel afkoelen tot kamertemperatuur en roer de geitenkaas erdoor.

c) Steek ondertussen een grill aan voor direct middelhoog vuur, ongeveer 375¡F.

d) Haal de vis uit de pekel en dep hem droog. Gooi de pekel weg. Vul de holten van de vis met het afgekoelde bieten-appelmengsel en zet eventueel vast met touwtje.

e) Bestrijk het grillrooster en bestrijk het met olie. Grill de vis tot de schil knapperig is en de vis er ondoorzichtig uitziet aan de oppervlakte, maar nog steeds filmachtig en vochtig is in het midden (130¼F op een direct afleesbare thermometer), 5 tot 7 minuten per kant. Schep de vis op een serveerschaal en serveer met de partjes limoen.

37. Peachy Basil kip- en rijstkommen

INGREDIËNTEN:
- 1 kopje jasmijnrijst, gespoeld
- 2 kopjes water
- Kosjer zout en versgemalen zwarte peper
- 1 pond kipfilet zonder bot, zonder vel, in blokjes
- 2 eetlepels bloem voor alle doeleinden
- 2 eetlepels avocado of extra vergine olijfolie, verdeeld
- 1 eetlepel (14 g) ghee of ongezouten boter
- ¼ kopje gehakte verse basilicum
- 1 perzik, ontpit en in dunne plakjes gesneden
- 6 verpakte kopjes (180 g) babyspinazie
- 2 teentjes knoflook, fijngehakt
- ½ middelgrote Engelse komkommer, in plakjes gesneden
- 1 kleine venkelknol, schoongemaakt en in dunne plakjes gesneden
- 1 recept Basilicum Geitenkaassaus,

INSTRUCTIES:

a) Voeg de rijst, het water en een flinke snuf zout toe aan een middelgrote pan en breng aan de kook. Zet het vuur lager, dek af en kook tot de rijst gaar is, ongeveer 15 minuten. Haal van het vuur en stoom de rijst met het deksel erop gedurende 10 minuten.

b) Dep de kip droog met keukenpapier. Doe het mengsel in een grote kom met de bloem, het zout en de peper en meng het zodat de kip gelijkmatig bedekt is. Verhit 1 eetlepel (15 ml) olie in een grote, brede koekenpan op hoog vuur tot deze zeer heet is maar nog niet rookt. Voeg de kip in een enkele laag toe aan de pan en kook, af en toe draaiend, tot ze aan alle kanten goudbruin is, in totaal ongeveer 5 minuten. Voeg de ghee, basilicum en gesneden perzik toe aan de koekenpan en kook nog 1 minuut langer, roer om de kip te bedekken.

c) Verhit ondertussen in een aparte koekenpan de resterende 1 eetlepel (15 ml) olie op middelhoog vuur. Voeg de spinazie, knoflook en een snufje zout toe. Kook, regelmatig roerend, tot het verwelkt is, 2 tot 3 minuten.

d) Verdeel de rijst over kommen om te serveren. Beleg met kip en perziken, spinazie, komkommer en venkel en besprenkel met basilicum-geitenkaassaus.

38. Kip-, prei- en champignontaart

INGREDIËNTEN:
- 1 hoeveelheid kruimeldeeg, gekoeld
- extra glutenvrije gewone bloemmix om het deeg uit te rollen
- 250 g venkel, gehakt
- 2 middelgrote preien, getrimd
- 240 g champignons
- 240 ml witte wijn
- 240 ml melk
- 120 ml verse crème
- 4 eetlepels maïsmeel/maïzena
- 700 g kipfilets
- ½ theelepel versgemalen zwarte peper
- ¼ theelepel zeezout (koosjer).
- 2 theelepel gedroogde Provençaalse kruiden
- 2 theelepel olijfolie

INSTRUCTIES:
a) Snijd de prei in plakjes, spoel ze af en laat ze goed uitlekken. Snijd de venkel in stukjes en de champignons in plakjes.

b) Verhit 1 theelepel olijfolie in een koekenpan op middelhoog vuur en voeg de prei en venkel toe. Kook gedurende 5 minuten.

c) Voeg de champignons toe en bak verder tot ze goudbruin zijn. Doe het over naar een bord/kom terwijl je de kip kookt. Snij de kip in hapklare stukjes.

d) Verhit de resterende 1 theelepel olijfolie in de gebakken pan op middelhoog vuur en bak de stukken kip in porties goudbruin.

e) Doe de gekookte batches in dezelfde kom als de gebakken groenten. Zodra alle kip gaar is, doe je de kip/groenten terug in de sauteerpan en giet je de witte wijn erover.

f) Breng op smaak met peper en zout en voeg de gedroogde kruiden toe. Breng het geheel aan de kook en laat het op laag vuur gedurende 10 minuten sudderen.

g) Los het maïsmeel/maïzena op in de melk en klop het in de sauteerpan. Blijf in de pan roeren tot de saus dikker wordt. Haal van het vuur en zet opzij.

h) Verwarm de oven voor op 170 graden Celsius, 375 graden F, gasstand 5.
i) Neem je gekoelde deeg en rol het uit tussen twee goed met bloem bestoven vellen bakpapier tot een vorm die iets groter is dan je taartvorm.
j) Roer de Crème Fresh door het kipmengsel en giet dit in de taartvorm. Draai het deeg nog steeds in het bakpapier om en verwijder het vel dat nu naar boven ligt.
k) Gebruik het overgebleven bakpapier om het deeg over de taartvorm te verdelen. Knip de randen af en krimp met twee vingers en een duim.
l) Als u zich artistiek voelt, rol dan eventuele bladerdeegresten opnieuw uit en knip 4 bladvormen uit ter decoratie.
m) Bestrijk de bovenkant van de taart met het overgebleven ei/melkmengsel van het deeg, snij een klein kruis in het midden en decoreer met de bladerdeegvormen.
n) Bestrijk deze ook met eierwas. Leg het op een bakplaat en schuif het in de oven.
o) Bak gedurende 45 minuten tot de taartbodem goudbruin is en de vulling gloeiend heet is.

39. Venkel met champignons en prosciutto

INGREDIËNTEN:
- 8 kroppen venkel
- 1¼ kopje kippenbouillon
- ¾ c witte wijn, licht zoet
- 1 pond gesneden champignons
- 2 ons prosciutto, in dunne plakjes gesneden: en gehakt

INSTRUCTIES:

a) Snijd de venkelstengels en het gevederde groen af. Bewaar de gevederde groenten en hak er genoeg van om een ¼ kopje te maken. (Als u het van tevoren maakt, laat dan 2 eetlepels van de gehakte greens afkoelen, evenals de resterende gevederde takjes om te gebruiken om de schaal te garneren wanneer deze wordt geserveerd.) Bewaar venkelstengels voor gebruik in soepen of bouillon.

b) Snijd eventuele bruine vlekken van bollen af; Schik ze in een enkele laag in een pan van 5 tot 6 liter. Giet er bouillon en wijn over; dek af en breng op hoog vuur aan de kook, en laat sudderen tot de venkel heel zacht is als je erin prikt, 35 tot 45 minuten.

c) Zet opzij tot het koel genoeg is om te hanteren: bewaar het kookvocht.

d) Terwijl de venkel kookt, combineer je de champignons, prosciutto en 2 eetlepels gehakte venkelgroen in een koekenpan met anti-aanbaklaag van 8 tot 10 inch.

e) Dek af en kook op middelhoog vuur tot de champignons sap uitstralen, ongeveer 7 minuten.

f) Ontdek en kook, vaak roerend, tot de vloeistof verdampt en de champignons bruin zijn, ongeveer 15 minuten; opzij zetten.

g) Schep met een klein mes en een scherpe lepel het binnenste deel van de venkelknollen eruit, zodat je een schil van ¼ inch dik hebt, waarbij de schil intact blijft.

h) Schep het champignonmengsel gelijkmatig in de bollen.

i) Schik de bollen in een ovenschaal die groot genoeg is om ze in één laag te bewaren. Schep het gereserveerde kookvocht erover.

j) Bak de gevulde venkelbollen, afgedekt, gedurende 15 minuten in een oven van 375F/190C; haal het deksel eraf en blijf bakken tot het heet is, nog ongeveer 10 minuten (20 minuten als het van tevoren is gemaakt en gekoeld).

k) Breng de bollen over naar een serveerschaal; bestrooi licht met de overgebleven gehakte venkelgroenten en garneer de schotel met venkeltakjes.

40. Ravioli van gerookte zalm met geroosterde ui

INGREDIËNTEN:
- 2 kopjes Ricotta-kaas
- 16 ons gesneden gerookte zalm
- ¼ kopje gesneden lente-uitjes
- ⅛ kopje Julienne zongedroogde tomaten
- ⅛ kopje extra vierge olijfolie
- 1 eetlepel gehakte knoflook
- 12 3x3 verse pastavellen
- 1 kopje grof maïsmeel
- 2 Eieren geslagen
- 4 middelgrote gele uien
- 1 eetlepel Canola-olie
- 2 kopjes in blokjes gesneden venkel
- 6 zwarte peperkorrels
- 2 verse laurierblaadjes
- 2 Kruidnagelen
- ½ theelepel Rushed Chili Flakes
- 2 teentjes hele geplette knoflook
- ¼ kopje hele geroosterde venkelzaadjes
- 2 kopjes witte wijn
- 2 liter zware room
- 24 Rijp; Roma, (pruim)tomaten
- Extra vergine olijfolie
- Zout peper
- Perkament
- 1 kopje ontpitte Calamata-olijven
- ½ ounce gehakte ansjovisfilets
- 1 ounce grote kappertjes
- ½ kopje gehakte platte peterselie
- 1 ons gehakte knoflook
- 2 kopjes in blokjes gesneden ovengedroogde tomaten
- 2 kopjes extra vergine olijfolie
- 2 citroenen; (Schil van)

INSTRUCTIES:
RAVIOLI-VULLING:
a) Giet de ricotta af, vrij van vloeistof. Snij de gerookte zalm in blokjes van 1 cm.
b) Combineer alle ingrediënten en meng goed. Breng op smaak met zout en peper. Opzij zetten.

RAVIOLI:
c) Leg de pastavellen op een schoon, vlak oppervlak en vul één kant met 3 ons zalmvulling. Bestrijk de randen van de pasta met een kleine hoeveelheid losgeklopt ei, zodat de pasta goed dicht blijft zitten. Leg het 2e pastavel op het gevulde vel en druk de randen stevig aan.
d) Leg ze op een vlakke pan, bekleed met bakpapier en strooi maïsmeel op het papier. Dit voorkomt dat ravioli aan het oppervlak blijft plakken.
e) Plaats de ravioli in de koeler om af te koelen voordat u ze blancheert. (1 uur) Geroosterde ui en venkelcrème: Rooster 4 middelgrote gele uien in een oven van 400 graden tot ze licht gekarameliseerd zijn. Zet opzij en laat afkoelen, en dobbel dan 1".
f) Meng in een middelgrote sauspan de in blokjes gesneden geroosterde uien, venkel, canola-olie en alle bovenstaande ingrediënten en kook op middelhoog vuur gedurende ongeveer 1 minuut. Voeg de witte wijn toe, laat deze tot de helft inkoken en voeg dan zware slagroom toe. Laat sudderen tot ⅓ is ingekookt. Giet door een fijnmazige chinois en breng op smaak met peper en zout.

OVENDROOGTOMATENTAPENADE
g) In de oven gedroogde tomaten: Bestrijk een vlakke pan, bekleed met bakpapier, met olijfolie en snijd de tomaten in de lengte doormidden. Knijp de zaadjes lichtjes uit elke helft en zorg ervoor dat je het binnenste tomatenpulp niet verwijdert.
h) Plaats de tomatenhelften op de geoliede bakvorm (buitenkant naar beneden, binnenkant naar boven) en besprenkel met olijfolie, zout en peper.
i) Rooster in een oven van 200 graden gedurende ongeveer 2 uur of tot de tomaten zijn gecondenseerd en dieprood zijn.

j) Laten afkoelen.

TAPENADE:

k) Combineer alle ingrediënten in een keukenmachine en verwerk totdat het mengsel een smeerbare consistentie vormt.

PRESENTATIE:

l) Spiegelbord met geroosterde uien-venkel. Blancheer de ravioli en schep om met venkelcrème. Plaats de ravioli in het midden van het bord en bestrijk met de ovengedroogde tomatentapenade.

m) Garneer met een venkeltakje en citroenschil.

41.Pompoencurry met pikante zaden

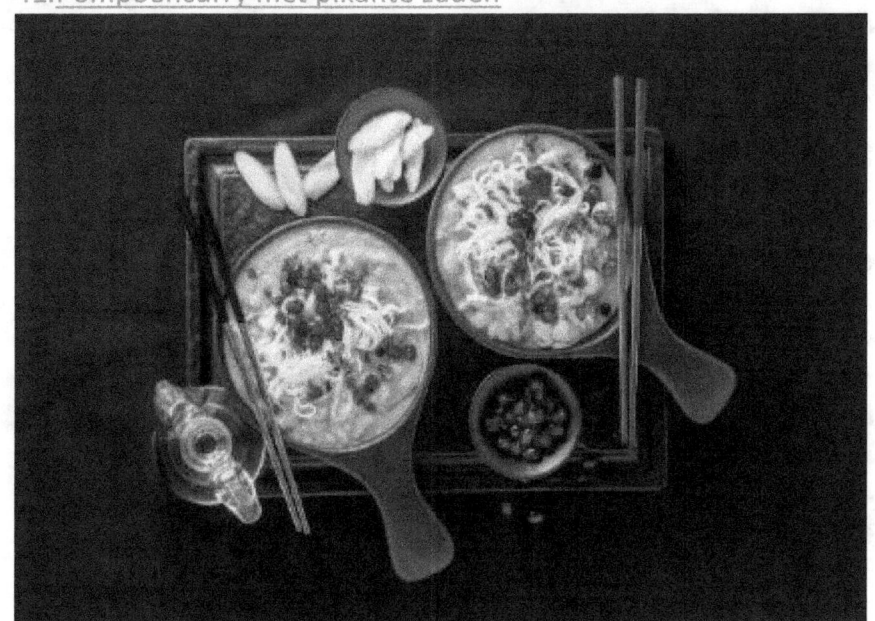

INGREDIËNTEN:
- 3 kopjes pompoen – in stukjes van 1-2 cm gesneden
- 2 Eetlepel olie
- ½ Eetlepel mosterdzaad
- ½ Eetlepel komijnzaad
- Knijp asafetida
- 5-6 curryblaadjes
- ¼ Eetlepel fenegriekzaad
- ¼ Eetlepel venkelzaad
- ½ Eetlepel geraspte gember
- 1 Eetlepel tamarindepasta
- 2 eetlepels droge, gemalen kokosnoot
- 2 Eetlepels geroosterde gemalen pinda's
- Zout en bruine suiker of rietsuiker naar smaak
- Verse korianderblaadjes

INSTRUCTIES:

a) Verhit de olie en voeg de mosterdzaadjes toe. Als ze knappen, voeg je de komijn, fenegriek, asafetida, gember, curryblaadjes en venkel toe. Kook gedurende 30 seconden.

b) Voeg pompoen en zout toe. Voeg de tamarindepasta of het water toe met het vruchtvlees erin. Voeg de rietsuiker of bruine suiker toe. Voeg gemalen kokosnoot en pindapoeder toe. Kook nog een paar minuten. Voeg vers gesneden koriander toe.

42. Gegrilde pompoen en bierworstjes

INGREDIËNTEN:
- 1 Fles bier
- 4 ons pompoen; vers of ingeblikt
- 1 ons knoflook; In blokjes gesneden
- 1-ounce Pure ahornsiroop
- 2 schakels voor elke eend; doorboord met een vork
- 2 Links hertenvlees; doorboord met een vork
- 2 Links kippenworst; doorboord met een vork
- 1 kleine rode ui; Gesegmenteerd dun
- 1 eetlepel boter
- Zout
- Peper
- 1 Bolvenkel; geschoren
- 1 ounce van elke Saga Bleu-kaas
- 1 ounce Engelse stilton
- 1 ons Gorgonzola

INSTRUCTIES:
a) Meng porter, pompoen, knoflook en ahornsiroop en spuit over de worstjes.
b) Haal de worstjes uit de pekel en rooster ze gedurende 10 minuten op een grill van 500 graden . Segmenteren en grillen tot het klaar is.
c) Kook de uien in boter op laag vuur tot ze zacht en doorschijnend zijn. Breng op smaak met zout en peper

43. Plantaardige Venkel Paella

INGREDIËNTEN:
- 2 eetlepels olijfolie
- 2 middelgrote wortels, in plakjes van ¼ inch gesneden
- 1 knolselderijrib, in plakjes van ¼ inch gesneden
- 1 middelgrote gele ui, gehakt
- 1 middelgrote rode paprika, in blokjes van ½ inch gesneden
- 3 teentjes knoflook, gehakt
- 8 ons sperziebonen, bijgesneden en in stukjes van 1 inch gesneden
- 1½ kopjes gekookte donkerrode bruine bonen
- 14,5-ounce blikje tomatenblokjes, uitgelekt
- 2½ kopjes groentebouillon, zelfgemaakt
- ½ theelepel gedroogde marjolein
- ½ theelepel gemalen rode peper
- ½ theelepel gemalen venkelzaad
- ¼ theelepel saffraan of kurkuma
- ¾ kopje langkorrelige rijst
- 2 kopjes oesterzwammen, licht afgespoeld en drooggedept
- Een blikje artisjokharten van 14 ons, uitgelekt en in vieren gedeeld

INSTRUCTIES:
- ☑ Verhit de olie in een grote pan op middelhoog vuur. Voeg de wortels, selderij, ui, paprika en knoflook toe. Dek af en kook gedurende 10 minuten.
- ☑ Voeg de sperziebonen, bruine bonen, tomaten, bouillon, zout, oregano, gemalen rode paprika, venkelzaad, saffraan en rijst toe. Dek af en laat 30 minuten sudderen.
- ☑ Roer de champignons en artisjokharten erdoor. Proeven, kruiden aanpassen, indien nodig meer zout toevoegen. Dek af en laat nog 15 minuten sudderen. Serveer onmiddellijk.

44. Gegrilde zalm met venkelsalade

INGREDIËNTEN:
- 2 140 g zalmfilets
- 1 Bolvenkel; fijn gesneden
- ½ Peer; fijn gesneden
- Een paar stukjes walnoten
- 1 snuifje Gemalen kardemomzaad
- 1 Oranje; gesegmenteerd, sap
- 1 bosje koriander ; gehakt
- 50 gram Licht fromage frais
- 1 Snufjes kaneelpoeder
- Gevlokt steenzout en gemalen zwarte peper

INSTRUCTIES:
- Kruid de zalm met peper en zout en gril onder de grill.
- Meng de peer met de venkel en breng op smaak met veel zwarte peper, kardemom en walnoten.
- Meng het sinaasappelsap en de rasp met de kwark en voeg een beetje kaneel toe. Leg een hoopje venkel in het midden van het bord en rijg de zalm erop. Versier de buitenkant van het bord met sinaasappelpartjes en besprenkel met de oranje kwark.
- Venkel vermindert de toxine-effecten van alcohol in het lichaam en is een goede spijsvertering.

45.Pizza Met Geroosterde Wortels

INGREDIËNTEN:
- Universele bloem voor het bestuiven van de pizzaschep of olijfolie voor het invetten van de pizzaplaat
- 1 zelfgemaakt deeg
- ½ knoflookkop
- ½ zoete aardappelen, geschild, in de lengte gehalveerd en in dunne plakjes gesneden
- ½ venkelknol, gehalveerd, schoongemaakt en in dunne plakjes gesneden
- ½ pastinaak, geschild, in de lengte gehalveerd en in dunne plakjes gesneden
- 1 eetlepel olijfolie
- ½ theelepel zout
- 4 ons veganistische kaas, versnipperd
- 1 ons veganistische kaas, fijn geraspt
- 1 eetlepel stroperige balsamicoazijn

INSTRUCTIES:

a) Bestuif een pizzaschep lichtjes met bloem. Voeg het deeg toe en vorm er een cirkel van door er met uw vingertoppen kuiltjes in te maken. Pak het op, houd het met beide handen bij de rand vast en draai het langzaam, waarbij je de rand elke keer een beetje uitrekt, totdat de cirkel een diameter van ongeveer 30 cm heeft. Leg de met bloem bestrooide kant naar beneden op de schil.

b) Vet de bakplaat of bakplaat in met wat olijfolie, gedept op keukenpapier. Leg het deeg met uw vingertoppen in het midden van het deeg en trek het vervolgens aan en druk het aan totdat het een cirkel van 14 inch op de bakplaat vormt of een onregelmatige rechthoek, ongeveer 12 x 7 inch, op de bakplaat.

c) Plaats het op een met bloem bestoven pizzaschep als je een pizzasteen gebruikt, of plaats de gebakken korst direct op een pizzaplaat.

d) Verpak de ongepelde teentjes knoflook in een pakje aluminiumfolie en bak of gril direct boven het vuur gedurende 40 minuten.

e) Meng ondertussen de zoete aardappel, venkel en pastinaak in een kom met olijfolie en zout. Giet de inhoud van de kom op een bakplaat. Plaats in de oven of op het onverwarmde gedeelte van de grill en rooster, af en toe draaiend, tot ze zacht en zoet zijn, 15 tot 20 minuten.
f) Doe de knoflook op een snijplank en open het pakje, let op de stoom. Zet ook de bakplaat met de groenten opzij op een rooster.
g) Verhoog de temperatuur van de oven of gasgrill tot 450 °F, of voeg nog een paar kolen toe aan de houtskoolgrill om de hitte iets te verhogen.
h) Verdeel de geraspte veganistische kaas over de voorbereide korst en laat een rand van ½ inch aan de rand vrij. Bestrijk de kaas met alle groenten en druk de vlezige, zachte knoflook uit de papierachtige schillen en op de taart. Bestrooi met de geraspte veganistische kaas.
i) Schuif de pizza van de schil naar de hete steen of plaats de pizza op de bakplaat of bakplaat in de oven of op het onverwarmde gedeelte van de grill.
j) Bak of gril met gesloten deksel tot de korst goudbruin is geworden en zelfs een beetje donkerder is geworden aan de onderkant totdat de kaas is gesmolten en bruin begint te worden, 16 tot minuten.
k) Schuif de schil terug onder de korst om hem van de hete steen te halen of leg de pizza op de bakplaat of bakplaat op een rooster. Zet 5 minuten opzij.
l) Zodra de taart een beetje is afgekoeld, besprenkel je deze met de balsamicoazijn en snijd je hem in partjes om te serveren.

46. Venkelrisotto met pistachenoten

INGREDIËNTEN:
- 2 kopjes groentebouillon, gecombineerd met
- 1 kopje water
- 1 eetlepel plantaardige boter of margarine
- 2 eetlepels Olijfolie
- 1 kopje Fijngesneden ui
- 1 Venkelknol
- 1 Rode paprika, fijngehakt
- 2 teentjes knoflook, fijngehakt
- 1½ kopje arborio rijst
- ⅓ kopje Gepelde pistachenoten, gehakt
- Vers gemalen zwarte peper

INSTRUCTIES:
a) Verwarm de bouillon-watercombinatie op matig vuur. Blijf warm.
b) Verhit de plantaardige boter en olie in een koekenpan, bij voorkeur met een antiaanbaklaag, op matig vuur tot ze heet zijn. Voeg de ui, venkel en rode paprika toe; sauteer 5 minuten. Voeg de knoflook toe en bak nog een minuut.
c) Roer de rijst erdoor en kook al roerend 2 minuten. Begin langzaam de vloeistof toe te voegen, ongeveer pollepel per keer. Kook, afgedekt, op matig vuur, 10 minuten, af en toe roerend.
d) Voeg de vloeistof langzaam toe en roer regelmatig. Wacht elke keer tot de vloeistof is opgenomen voordat je de volgende pollepel toevoegt. Herhaal het kookproces, afgedekt, gedurende 10 minuten.
e) Ontdek en blijf de vloeistof toevoegen en roer vaak. De risotto moet ongeveer 30 minuten koken.
f) Voeg de pistachenoten en peper toe aan de afgewerkte risotto en roer tot alles gemengd is.

47. Venkel & Erwtenrisotto

INGREDIËNTEN:
- 1 eetlepel olijfolie
- 1 ui, fijngehakt
- 1 venkelknol, fijngehakt
- 1 courgette, in de lengte gehalveerd en in dunne plakjes gesneden
- 3 teentjes knoflook, fijngehakt
- ½ theelepel venkelzaad, licht geplet
- 200 gram risottorijst
- een glas witte wijn
- 800 ml groentebouillon, heet
- 200 g diepvrieserwten
- 2 eetlepels edelgist
- 1 citroen, geraspt en uitgeperst
- een bosje platte peterselie, fijngehakt

INSTRUCTIES:

a) Verhit de olijfolie in een grote, diepe koekenpan, voeg de ui, venkel en courgette toe en bak 10 minuten tot ze zacht zijn. Voeg een scheutje water toe als de olie begint te bakken.

b) Voeg de knoflook en het venkelzaad toe en kook 2 minuten. Voeg dan de rijst toe en roer tot elk korreltje licht bedekt is met olie. Giet de wijn erbij, indien gebruikt, en laat borrelen tot de helft is ingekookt.

c) Bewaar de groentebouillon in een pan op een zeer laag vuur om warm te blijven. Voeg lepel voor lepel toe aan de risotto en voeg pas meer toe als de laatste lepel volledig is opgenomen, terwijl je voortdurend roert.

d) Zodra de rijst gaar is maar nog wel een beetje beet heeft, voeg je de diepvrieserwten toe en kook je nog een paar minuten tot ze net gaar zijn.

e) Roer de edelgist, citroenschil en -sap en wat kruiden erdoor, verdeel over ondiepe kommen en garneer met de peterselie.

ZIJDEN

48.Venkelgratin met Robiola

INGREDIËNTEN:
- zout en peper
- 2 oz Verse broodkruimels
- 1 kopje Bechamelsaus
- 8 oz Robiola-kaas
- 2 Bollen venkel, schoongemaakt en in plakjes gesneden
- 4 oz Fontina-kaas, geraspt

INSTRUCTIES:
a) Verwarm de oven voor op 450 ° F.
b) Breng 4 liter water aan de kook met 2 eetlepels zout.
c) Blancheer de venkel in kokend water tot deze zeer gaar is.
d) Giet af in een vergiet boven een gootsteen tot het koel genoeg is om te hanteren.
e) Combineer venkel, bechamelsaus en fontina.
f) Verdeel gelijkmatig over vier beboterde gratinschotels.
g) Bak gedurende 25 minuten in de bovenste helft van de oven, of tot het borrelt en heet is.
h) Plaats een klodder of vierkant robiola van 2 ons in het midden van elke schaal, bestrooi met broodkruimels en bak nog 5 tot 6 minuten, of totdat de robiola heet en zacht is en de kruimels zijn gesmolten.

49.Saffraan venkel sous vide

INGREDIËNTEN:
- 2 knolvenkel
- 1 g saffraan
- 100 ml gevogeltebouillon
- 20 ml olijfolie
- 3 gram zout

INSTRUCTIES:

a) Snijd de venkel in de lengte in plakjes van ongeveer 6 mm dik. Waar de bladeren door de stengel bij elkaar hangen, ontstaan de plakjes.

b) De stengels en de buitenste delen kunnen goed gebruikt worden voor een venkelroomsoep.

c) Vacumeer de plakjes samen met de overige ingrediënten in een vacuümzak. Kook in een waterbad op 85 ° C gedurende 3 uur.

d) Haal ze uit de zakken en reduceer de kookbouillon tot ca. ⅓ van het bedrag.

e) Een heerlijk en effectief bijgerecht, bijvoorbeeld bij vlees- en visgerechten.

50.Geroosterde Venkel Met Parmezaanse Kaas

INGREDIËNTEN:
- 2 venkelknollen, in plakjes gesneden
- 2 eetlepels olijfolie
- Zout en peper naar smaak
- 1/4 kop geraspte Parmezaanse kaas
- Verse peterselie, gehakt (voor garnering)

INSTRUCTIES:
a) Verwarm de oven voor op 200 °C.
b) Meng de gesneden venkel met olijfolie, zout en peper op een bakplaat.
c) Rooster in de voorverwarmde oven gedurende 20-25 minuten, of tot de venkel zacht en gekarameliseerd is, roer halverwege.
d) Haal uit de oven en strooi geraspte Parmezaanse kaas over de geroosterde venkel.
e) Zet terug in de oven voor nog eens 5 minuten, of totdat de kaas gesmolten en goudbruin is.
f) Garneer voor het serveren met verse peterselie.

51.Venkel-aardappelgratin

INGREDIËNTEN:
- 2 venkelknollen, in dunne plakjes gesneden
- 2 grote aardappelen, in dunne plakjes gesneden
- 1 kopje zware room
- 2 teentjes knoflook, fijngehakt
- 1/2 kopje geraspte Gruyère-kaas
- Zout en peper naar smaak
- Verse tijmblaadjes, ter garnering

INSTRUCTIES:
a) Verwarm de oven voor op 190°C. Vet een ovenschaal in met boter of kookspray.
b) Leg de dun gesneden venkel en aardappelen in de voorbereide ovenschaal, afwisselend tussen de lagen.
c) Verwarm in een kleine pan de slagroom en de gehakte knoflook op middelhoog vuur tot het kookt.
d) Giet het hete roommengsel over de venkel en aardappelen in de ovenschaal. Breng op smaak met zout en peper.
e) Strooi er geraspte Gruyère-kaas over.
f) Bedek de ovenschaal met folie en bak in de voorverwarmde oven gedurende 45-50 minuten, of tot de aardappelen gaar zijn.
g) Verwijder de folie en bak nog eens 10-15 minuten, of tot de bovenkant goudbruin is en borrelt.
h) Garneer voor het serveren met verse tijmblaadjes.

52.Gebakken Venkel Met Citroen En Knoflook

INGREDIËNTEN:
- 2 venkelknollen, in dunne plakjes gesneden
- 2 eetlepels olijfolie
- 2 teentjes knoflook, fijngehakt
- Schil en sap van 1 citroen
- Zout en peper naar smaak
- Verse peterselie, gehakt (voor garnering)

INSTRUCTIES:
a) Verhit olijfolie in een grote koekenpan op middelhoog vuur.
b) Voeg de dun gesneden venkel toe aan de koekenpan en bak 8-10 minuten, of tot ze zacht en licht gekaramelliseerd is.
c) Voeg de gehakte knoflook toe aan de koekenpan en bak nog eens 1-2 minuten, of tot het geurig is.
d) Roer de citroenschil en het citroensap erdoor. Breng op smaak met zout en peper.
e) Kook nog 1-2 minuten en haal dan van het vuur.
f) Doe de gebakken venkel in een serveerschaal en garneer met gehakte verse peterselie voordat je hem serveert.

53. Venkel-sinaasappelsalade met rucola

INGREDIËNTEN:
- 2 venkelknollen, in dunne plakjes gesneden
- 2 sinaasappels, geschild en in plakjes gesneden
- 4 kopjes babyrucola
- 1/4 kop geroosterde walnoten, gehakt
- 2 eetlepels extra vergine olijfolie
- 1 eetlepel balsamicoazijn
- Zout en peper naar smaak

INSTRUCTIES:
a) Meng in een grote kom de dun gesneden venkel, plakjes sinaasappel en babyrucola.
b) Meng in een kleine kom de extra vergine olijfolie en balsamicoazijn tot de dressing. Breng op smaak met zout en peper.
c) Druppel de dressing over de salade en roer voorzichtig door.
d) Strooi voor het serveren geroosterde walnoten over de salade.

54.Roerbak venkel en groene bonen

INGREDIËNTEN:
- 2 venkelknollen, in dunne plakjes gesneden
- 2 kopjes sperziebonen, bijgesneden en gehalveerd
- 2 teentjes knoflook, fijngehakt
- 2 eetlepels sojasaus
- 1 eetlepel sesamolie
- 1 eetlepel rijstazijn
- 1 theelepel honing
- Sesamzaad, voor garnering
- Groene uien, in dunne plakjes gesneden, voor garnering

INSTRUCTIES:

a) Verhit sesamolie in een grote koekenpan of wok op middelhoog vuur.
b) Voeg de dun gesneden venkel en sperziebonen toe aan de koekenpan. Roerbak gedurende 5-6 minuten, of tot de groenten zacht en knapperig zijn.
c) Voeg de gehakte knoflook toe aan de koekenpan en roerbak nog 1-2 minuten, of tot het geurig is.
d) Meng in een kleine kom sojasaus, rijstazijn en honing. Giet de saus over de groenten in de pan en roer gelijkmatig.
e) Kook nog 1-2 minuten en haal dan van het vuur.
f) Doe de roergebakken venkel en sperziebonen in een serveerschaal. Garneer met sesamzaadjes en in dunne plakjes gesneden groene uien voordat je het serveert.

55.Romige venkel-aardappelsoep

INGREDIËNTEN:
- 2 venkelknollen, in dunne plakjes gesneden
- 2 grote aardappelen, geschild en in blokjes
- 1 ui, gehakt
- 4 kopjes groentebouillon
- 1 kopje zware room
- 2 eetlepels boter
- Zout en peper naar smaak
- Verse bieslook, fijngehakt, voor garnering

INSTRUCTIES:
a) Smelt de boter in een grote pan op middelhoog vuur. Voeg de gesnipperde ui toe en kook tot deze glazig is.
b) Voeg dun gesneden venkel en in blokjes gesneden aardappelen toe aan de pot. Kook gedurende 5 minuten, af en toe roerend.
c) Giet de groentebouillon in de pan en breng aan de kook. Zet het vuur lager en laat 20-25 minuten sudderen, of tot de aardappelen gaar zijn.
d) Gebruik een staafmixer om de soep tot een gladde massa te pureren. U kunt de soep ook in een blender doen en in gedeelten mixen tot een gladde massa.
e) Roer de slagroom erdoor en breng op smaak met zout en peper. Doorwarmen, maar niet koken.
f) Schep de romige venkel-aardappelsoep in kommen. Garneer voor het serveren met gehakte verse bieslook.

56. Salade van venkel en radicchio met citrusvinaigrette

INGREDIËNTEN:
- 2 venkelknollen, in dunne plakjes gesneden
- 1 kop radicchio, in dunne plakjes gesneden
- 1 sinaasappel, geschild en in partjes
- 1 grapefruit, geschild en in partjes
- 1/4 kop geroosterde pijnboompitten
- 2 eetlepels extra vergine olijfolie
- 2 eetlepels witte wijnazijn
- 1 theelepel honing
- Zout en peper naar smaak

INSTRUCTIES:
a) Meng in een grote kom de dun gesneden venkel, radicchio, sinaasappelpartjes en grapefruitpartjes.
b) Klop in een kleine kom de extra vergine olijfolie, witte wijnazijn en honing samen om de vinaigrette te maken. Breng op smaak met zout en peper.
c) Giet de vinaigrette over de salade en roer voorzichtig door.
d) Strooi voor het serveren geroosterde pijnboompitten over de salade.

57. Gestoofde Venkel met Knoflook en Citroen

INGREDIËNTEN:
- 2 venkelknollen, schoongemaakt en in plakjes gesneden
- 2 teentjes knoflook, fijngehakt
- 1 citroen, uitgeperst en geraspt
- 1/4 kop groente- of kippenbouillon
- 2 eetlepels olijfolie
- Zout en peper naar smaak
- Verse peterselie, gehakt (voor garnering)

INSTRUCTIES:
a) Verhit olijfolie in een grote koekenpan op middelhoog vuur.
b) Voeg de gesneden venkel toe aan de pan en kook 4-5 minuten tot hij zacht begint te worden.
c) Voeg gehakte knoflook toe aan de koekenpan en kook nog 1-2 minuten tot het geurig is.
d) Giet de groente- of kippenbouillon, het citroensap en de citroenschil erbij. Breng op smaak met zout en peper.
e) Dek de pan af en laat de venkel 10-12 minuten zachtjes smoren, af en toe roeren.
f) Zodra de venkel gaar is en de vloeistof is ingekookt, haal je de pan van het vuur.
g) Garneer voor het serveren met gehakte verse peterselie.

58. Venkel-wortelsla met appelcidervinaigrette

INGREDIËNTEN:
- 2 venkelknollen, in dunne plakjes gesneden
- 2 wortels, julienned of geraspt
- 1 appel, julienned of geraspt
- 1/4 kop gehakte verse koriander of peterselie
- 1/4 kopje appelciderazijn
- 2 eetlepels olijfolie
- 1 eetlepel honing
- 1 theelepel Dijon-mosterd
- Zout en peper naar smaak

INSTRUCTIES:
a) Meng in een grote kom de dun gesneden venkel, julienne wortelen, julienne appel en gehakte verse koriander of peterselie.
b) Klop in een kleine kom de appelciderazijn, olijfolie, honing, Dijon-mosterd, zout en peper samen om de vinaigrette te maken.
c) Giet de vinaigrette over het slamengsel en roer voorzichtig door.
d) Laat de slaw minimaal 30 minuten in de koelkast marineren voordat je hem serveert, zodat de smaken goed kunnen vermengen.
e) Serveer gekoeld als verfrissend bijgerecht.

59. Venkel- en Farro-salade met citroen-kruidendressing

INGREDIËNTEN:
- 1 kop farro, gekookt
- 2 venkelknollen, in dunne plakjes gesneden
- 1/2 kop gehakte verse peterselie
- 1/4 kop gehakte verse munt
- Schil en sap van 1 citroen
- 2 eetlepels extra vergine olijfolie
- Zout en peper naar smaak

INSTRUCTIES:
a) Meng in een grote kom de gekookte farro, dun gesneden venkel, gehakte verse peterselie en gehakte verse munt.
b) Meng in een kleine kom de citroenschil, het citroensap, de extra vergine olijfolie, het zout en de peper tot de dressing.
c) Giet de dressing over de salade en roer voorzichtig door.
d) Serveer de venkel-farro-salade op kamertemperatuur of gekoeld.

SOEPEN

60. Venkelsoep met eetbare bloemen

INGREDIËNTEN:
- 2 sjalotten, fijngesneden
- 2 teentjes knoflook, fijngehakt
- 3 Venkel, in vieren en in blokjes
- 200 gram zetmeelrijke aardappelen
- 2 eetlepels olijfolie
- 800 milliliter Groentebouillon
- 100 milliliter slagroom
- 2 eetlepels Crème fraîche
- 2 centiliter Vermout
- zout
- versgemalen paprika
- 2 eetlepels peterselie, gehakt
- Bernagiebloem voor garnering

INSTRUCTIES:
a) Snij de helft van de venkelbladeren fijn en leg de rest opzij.
b) Schil de aardappelen en snijd ze in blokjes.
c) Verhit de olie in een pan en fruit de sjalotjes en knoflook.
d) Voeg de venkel toe en bak kort mee. Voeg de bouillon en de aardappelen toe en breng aan de kook.
e) Zet het vuur laag en laat 20-25 minuten sudderen.
f) Pureer de soep en voeg vervolgens de room, crème fraîche, peterselie en gehakte venkelbladeren toe.
g) Voeg de vermout toe en breng op smaak met peper en zout.
h) Giet de soep in kommen, garneer met de overgebleven venkelbladeren en de borage en serveer.

61.Kreeft Venkel Bouillabaisse

INGREDIËNTEN:
- 2 levende kreeften (elk ongeveer 1,5 pond)
- 2 eetlepels olijfolie
- 1 ui, in blokjes gesneden
- 2 teentjes knoflook, fijngehakt
- 1 venkelknol, in dunne plakjes gesneden
- 1 rode paprika, in blokjes gesneden
- 1 gele paprika, in blokjes gesneden
- 1 blikje (14 ons) tomatenblokjes
- 2 kopjes vis- of zeevruchtenbouillon
- 1 kopje droge witte wijn
- 1 theelepel gedroogde tijm
- 1 theelepel gedroogde oregano
- 1 laurierblad
- Snufje saffraandraadjes
- Zout en peper naar smaak
- Verse peterselie, gehakt (voor garnering)
- Krokant brood (voor serveren)

INSTRUCTIES:

a) Bereid de kreeften voor door ze ongeveer 20-30 minuten in de vriezer te leggen. Dit zal helpen ze te verdoven voordat ze worden gekookt.
b) Vul een grote pan met water en breng het aan de kook. Voeg zout toe aan het kokende water.
c) Plaats de kreeften voorzichtig in het kokende water en kook ongeveer 8-10 minuten, of tot de schelpen helderrood kleuren.
d) Haal de kreeften uit de pot en laat ze iets afkoelen. Haal het vlees, zodra het is afgekoeld, uit de schelpen en snijd het in hapklare stukjes. Opzij zetten.
e) Verhit de olijfolie in een grote soeppan of Nederlandse oven op middelhoog vuur.
f) Voeg de in blokjes gesneden ui en de gehakte knoflook toe aan de pot. Fruit 2-3 minuten tot de ui glazig wordt.
g) Voeg de gesneden venkel, de in blokjes gesneden rode en gele paprika toe aan de pot. Kook nog 3-4 minuten tot de groenten zacht beginnen te worden.
h) Roer de in blokjes gesneden tomaten, vis- of zeevruchtenbouillon en witte wijn erdoor.
i) Voeg de gedroogde tijm, gedroogde oregano, laurier, saffraandraadjes, zout en peper toe aan de pot. Roer om te combineren.
j) Breng het mengsel aan de kook, zet het vuur laag en laat het ongeveer 15-20 minuten sudderen, zodat de smaken zich kunnen ontwikkelen.
k) Voeg het kreeftenvlees toe aan de pan en kook nog eens 5-8 minuten tot de kreeft is opgewarmd.
l) Proef en pas eventueel de smaak aan.
m) Schep de kreeftenbouillabaisse in kommen en garneer met gehakte verse peterselie.
n) Serveer met knapperig brood ernaast om te dippen.

62. Italiaanse kippenraviolisoep

INGREDIËNTEN:
- 1 eetlepel olijfolie
- 1 groene paprika, in blokjes gesneden
- 1 kleine ui, gehakt
- 3 grote teentjes knoflook, gehakt
- 1 eetlepel gedroogde basilicum
- 2 theelepels venkelzaad
- ¼ theelepel gedroogde gemalen rode peper
- 6 kopjes ingeblikte zoutarme kippenbouillon
- 2 middelgrote courgettes, in blokjes gesneden
- 1 wortel, in blokjes gesneden
- 1 9-ounce pakket verse kaasravioli
- 1 ½ kopjes in blokjes gesneden gekookte kip
- Geraspte Parmezaanse kaas

INSTRUCTIES:
a) Verhit olie in een zware grote pan op middelhoog vuur. Voeg paprika, ui, knoflook, basilicum, venkelzaad en gemalen rode peper toe en bak tot de groenten zacht zijn, ongeveer 10 minuten. Voeg bouillon toe.

b) Dek de pan af en laat 10 minuten sudderen. Courgette en wortel toevoegen. Dek af en laat sudderen tot de wortel bijna gaar is, ongeveer 5 minuten. Zet het vuur hoog en breng de soep aan de kook. Voeg de ravioli toe en kook tot ze gaar zijn, ongeveer 5 minuten. Voeg de kip toe en kook tot deze ongeveer 1 minuut verwarmd is.

c) Breng de soep op smaak met zout en peper. Schep de soep in kommen. Serveer, geef de kaas apart door.

63. Visstoofpot met Chili

INGREDIËNTEN:
- 1 ui, gehakt
- 2 venkelknollen, gehakt
- 1 rode chilipeper, fijngehakt
- 1 blik pruimtomaatjes
- 6 eetlepels olijfolie
- 1 theelepel venkelzaad, gemalen
- 2 teentjes knoflook, geperst
- 1 pond witte visfilet
- 3 ons geroosterde amandelen, gemalen
- 3 ons groentebouillon
- ½ theelepel zoete paprikapoeder
- 1 eetlepel verse tijmblaadjes
- 1 theelepel saffraanstrengen
- 3 verse laurierblaadjes
- Quinoa en lentegroenten
- 1 citroen, in partjes gesneden

INSTRUCTIES:
a) Stoom uien, venkel, chili, gemalen venkelzaad en knoflook.
b) Voeg paprika, tijm, saffraan, laurierblaadjes en tomaten toe.
c) Breng aan de kook met de groentebouillon.
d) Voeg de vis/tofu toe aan de stoofpot, samen met de amandelen.
e) Serveer met groente, quinoa en partjes citroen.

64. Spirulina Crème van Bloemkoolsoep

INGREDIËNTEN:
- 1 eetlepel sesam-, kokos- of druivenpitolie
- ½ gele ui of venkelknol
- 2 teentjes knoflook, fijngehakt
- 1 grote bloemkoolkop, gehakt
- 1 liter groentebouillon
- ¼ kopje rauwe, ongezouten cashewnoten
- 1 theelepel blauwe spirulina
- ½ theelepel zeezout, plus meer naar smaak
- 2 eetlepels hennepzaad, om te garneren

INSTRUCTIES:
a) Verhit de olie in een grote pan of Nederlandse oven op middelhoog vuur. Voeg de ui en knoflook toe en bak 3 minuten, tot ze lichtbruin zijn. Voeg de bloemkool toe en bak nog een minuut.
b) Voeg de groentebouillon toe en zet het vuur hoger om het aan de kook te brengen. Zodra het kookt, zet je het vuur lager en laat je het, onafgedekt, sudderen tot de bloemkool gaar is, 20-30 minuten.
c) Haal de soep van het vuur en laat afkoelen tot een warme kamertemperatuur. Doe de soep met de cashewnoten in een blender en mix 1 minuut op de hoogste stand tot een gladde en romige massa. Voeg als laatste de blauwe spirulina toe en meng kort. Roer zout naar smaak erdoor.
d) Serveer met hennepzaadjes.

65.Romige venkel-aardappelsoep

INGREDIËNTEN:
- 2 venkelknollen, gehakt
- 2 aardappelen, geschild en in blokjes
- 1 ui, gehakt
- 2 teentjes knoflook, fijngehakt
- 4 kopjes groentebouillon
- 1 kopje zware room
- 2 eetlepels olijfolie
- Zout en peper naar smaak
- Verse tijmblaadjes, voor garnering (optioneel)

INSTRUCTIES:

a) Verhit olijfolie in een grote pan op middelhoog vuur. Voeg de gehakte ui en knoflook toe en bak tot ze zacht zijn, ongeveer 5 minuten.

b) Voeg de gehakte venkel en aardappelen toe aan de pan en bak nog eens 5 minuten.

c) Giet de groentebouillon erbij en breng aan de kook. Zet het vuur lager, dek af en laat sudderen tot de groenten gaar zijn, ongeveer 20 minuten.

d) Gebruik een staafmixer om de soep tot een gladde massa te pureren. U kunt de soep ook in delen in een blender doen en tot een gladde massa mixen.

e) Roer de slagroom erdoor en breng op smaak met zout en peper. Doorwarmen, maar niet koken.

f) Schep de soep in kommen, garneer eventueel met verse tijmblaadjes en serveer warm.

66. Venkel-preisoep met gekruide croutons

INGREDIËNTEN:
- 2 venkelknollen, gehakt
- 2 preien, alleen de witte en lichtgroene delen, in plakjes gesneden
- 2 aardappelen, geschild en in blokjes
- 4 kopjes groentebouillon
- 1 kopje volle melk of slagroom
- 2 eetlepels boter
- Zout en peper naar smaak
- Voor de gekruide croutons:
- 4 sneetjes brood, in blokjes
- 2 eetlepels olijfolie
- 1 theelepel gedroogde tijm
- 1 theelepel gedroogde rozemarijn
- Zout en peper naar smaak

INSTRUCTIES:
a) Smelt de boter in een grote pan op middelhoog vuur. Voeg gehakte venkel, gesneden prei en in blokjes gesneden aardappelen toe en bak tot ze zacht zijn, ongeveer 10 minuten.

b) Giet de groentebouillon erbij en breng aan de kook. Zet het vuur lager, dek af en laat sudderen tot de groenten gaar zijn, ongeveer 20 minuten.

c) Verwarm ondertussen de oven voor op 190°C. Meng in een kom de blokjes brood met olijfolie, gedroogde tijm, gedroogde rozemarijn, zout en peper. Verdeel de gekruide broodblokjes op een bakplaat en bak ze in ongeveer 10 minuten goudbruin en knapperig.

d) Gebruik een staafmixer om de soep tot een gladde massa te pureren. U kunt de soep ook in delen in een blender doen en tot een gladde massa mixen.

e) Roer de volle melk of slagroom erdoor en breng op smaak met zout en peper. Doorwarmen, maar niet koken.

f) Schep de soep in kommen, garneer met gekruide croutons en serveer warm.

67. Venkel-wortelsoep met gember

INGREDIËNTEN:
- 2 venkelknollen, gehakt
- 4 wortels, geschild en gehakt
- 1 ui, gehakt
- 2 teentjes knoflook, fijngehakt
- Een stuk verse gember van 1 inch, geschild en fijngehakt
- 4 kopjes groentebouillon
- 1 kopje kokosmelk
- 2 eetlepels olijfolie
- Zout en peper naar smaak
- Verse koriander, gehakt, voor garnering (optioneel)

INSTRUCTIES:

a) Verhit olijfolie in een grote pan op middelhoog vuur. Voeg de gehakte ui, gehakte knoflook en gehakte gember toe en bak tot ze zacht zijn, ongeveer 5 minuten.

b) Voeg gehakte venkel, gehakte wortels en groentebouillon toe aan de pot. Breng aan de kook, zet het vuur laag, dek af en laat sudderen tot de groenten gaar zijn, ongeveer 20 minuten.

c) Gebruik een staafmixer om de soep tot een gladde massa te pureren. U kunt de soep ook in delen in een blender doen en tot een gladde massa mixen.

d) Roer de kokosmelk erdoor en breng op smaak met peper en zout. Doorwarmen, maar niet koken.

e) Schep de soep in kommen, garneer indien gewenst met gehakte verse koriander en serveer warm.

68. Romige venkel-aardappelsoep

INGREDIËNTEN:
- 2 venkelknollen, in dunne plakjes gesneden
- 2 grote aardappelen, geschild en in blokjes
- 1 ui, gehakt
- 4 kopjes groentebouillon
- 1 kopje zware room
- 2 eetlepels boter
- Zout en peper naar smaak
- Verse bieslook, fijngehakt, voor garnering

INSTRUCTIES:
a) Smelt de boter in een grote pan op middelhoog vuur. Voeg de gesnipperde ui toe en kook tot deze glazig is.
b) Voeg dun gesneden venkel en in blokjes gesneden aardappelen toe aan de pot. Kook gedurende 5 minuten, af en toe roerend.
c) Giet de groentebouillon in de pan en breng aan de kook. Zet het vuur lager en laat 20-25 minuten sudderen, of tot de aardappelen gaar zijn.
d) Gebruik een staafmixer om de soep tot een gladde massa te pureren. U kunt de soep ook in een blender doen en in gedeelten mixen tot een gladde massa.
e) Roer de slagroom erdoor en breng op smaak met zout en peper. Doorwarmen, maar niet koken.
f) Schep de romige venkel-aardappelsoep in kommen. Garneer voor het serveren met gehakte verse bieslook.

69. Gekruide Venkel- en Linzensoep

INGREDIËNTEN:
- 2 venkelknollen, gehakt
- 1 ui, gehakt
- 2 teentjes knoflook, fijngehakt
- 1 kop gedroogde groene linzen, afgespoeld
- 4 kopjes groentebouillon
- 1 theelepel gemalen komijn
- 1/2 theelepel gemalen koriander
- 1/4 theelepel gemalen kurkuma
- Zout en peper naar smaak
- Verse koriander, gehakt, voor garnering

INSTRUCTIES:
a) Verhit olijfolie in een grote pan op middelhoog vuur. Voeg de gesnipperde ui toe en kook tot deze glazig is.
b) Voeg gehakte venkelbollen en gehakte knoflook toe aan de pot. Kook gedurende 5 minuten, af en toe roerend.
c) Voeg gedroogde groene linzen, groentebouillon, gemalen komijn, gemalen koriander en gemalen kurkuma toe aan de pot. Aan de kook brengen.
d) Zet het vuur lager en laat 20-25 minuten sudderen, of tot de linzen gaar zijn.
e) Breng op smaak met zout en peper.
f) Schep de gekruide venkel- en linzensoep in kommen. Garneer voor het serveren met gehakte verse koriander.

70. Venkel-tomatensoep met basilicumpesto

INGREDIËNTEN:
- 2 venkelknollen, gehakt
- 1 ui, gehakt
- 2 teentjes knoflook, fijngehakt
- 1 blikje tomatenblokjes (14 oz).
- 4 kopjes groentebouillon
- 2 eetlepels olijfolie
- Zout en peper naar smaak
- Basilicumpesto, voor erbij

INSTRUCTIES:
a) Verhit olijfolie in een grote pan op middelhoog vuur. Voeg de gesnipperde ui toe en kook tot deze glazig is.
b) Voeg gehakte venkelbollen en gehakte knoflook toe aan de pot. Kook gedurende 5 minuten, af en toe roerend.
c) Voeg in blokjes gesneden tomaten en groentebouillon toe aan de pot. Aan de kook brengen.
d) Zet het vuur lager en laat 20-25 minuten sudderen, of tot de venkel gaar is.
e) Gebruik een staafmixer om de soep tot een gladde massa te pureren. U kunt de soep ook in een blender doen en in gedeelten mixen tot een gladde massa.
f) Breng op smaak met zout en peper.
g) Schep de venkel-tomatensoep in kommen. Serveer met een klodder basilicumpesto erbovenop.

SALADES

71. Witlof-citrussalade met geschaafde venkel

INGREDIËNTEN:
- 2 eetlepels rode wijnazijn
- Kosjer zout en versgemalen zwarte peper
- 3 eetlepels extra vergine olijfolie, plus meer om te besprenkelen
- 1 kleine rode ui, gehalveerd en in dunne plakjes gesneden
- 2 navelsinaasappelen
- Schilferig zeezout
- 1 kop dun gesneden venkelknol
- ½ pond gemengde witlof, bijgesneden, bladeren gescheiden en gescheurd
- ½ los verpakt kopje verse bladpeterselieblaadjes
- ¼ kopje geroosterde ongezouten pistachenoten, gehakt

INSTRUCTIES:
a) Marineer de ui. Doe de azijn in een grote kom. Klop 1 theelepel koosjer zout en ¼ theelepel peper erdoor. Klop langzaam de eetlepels olijfolie erdoor. Voeg de ui toe en meng om te combineren.
b) Zet 10 minuten apart om te marineren.
c) Bereid de sinaasappels voor. Snij een klein stukje van de boven- en onderkant van de sinaasappels, zodat ze plat kunnen blijven staan.
d) Gebruik een scherp mes om de schil (inclusief het merg) weg te snijden en snij de sinaasappels vervolgens kruislings in rondjes van ¼ inch dik.
e) Schik de sinaasappelplakken op een grote serveerschaal. Breng op smaak met schilferig zout.
f) Maak af en serveer de salade. Voeg de venkel, witlof, peterselie en pistachenoten toe aan de kom uien. Besprenkel lichtjes met olijfolie en breng op smaak met peper en zout. Gooi om te combineren.
g) Verdeel de salade over de sinaasappelschijfjes en serveer.

72. Tonijn En Witte Bonensalade

INGREDIËNTEN:
- 2 (15 ounce) blikjes cannellini of grote noordelijke bonen, gespoeld en uitgelekt
- 3 grote Roma-tomaten, zonder zaadjes en in stukjes gesneden (ongeveer 1 ½ kopje)
- ½ kopje gehakte venkel, bewaar bladtoppen
- ⅓ kopje gehakte rode ui
- ⅓ kopje oranje of rode paprika
- 1 eetlepel afgeknipte venkelbladtoppen
- ¼ kopje extra vergine olijfolie (EVOO)
- 3 eetlepels witte wijnazijn
- 2 eetlepels citroensap
- ¼ theelepel zout
- ¼ theelepel peper
- 1 (6-ounce) tonijnsteak, gesneden 1 inch dik
- Zout
- Grond zwarte peper
- 1 eetlepel EVOO
- 2 kopjes gescheurde gemengde saladegroenten
- Bladachtige venkeltoppen

INSTRUCTIES:
VOOR SALADE:
a) Meng in een grote kom bonen, tomaten, gehakte venkel, rode ui, paprika en de afgeknipte venkeltoppen; opzij zetten.
b) Voor vinaigrette:
c) Meng in een pot met schroefdop ¼ kopje EVOO, de azijn, het citroensap en ¼ theelepel zout en peper. Dek af en schud goed.
d) Giet de dressing over het bonenmengsel; voorzichtig gooien om te coaten. Laat 30 minuten bij kamertemperatuur staan.

VOOR TONIJN:
e) Bestrooi tonijn, indien gebruikt, met zout en peper; verwarm 1 eetlepel EVOO op middelhoog.
f) Voeg de tonijn toe en kook gedurende 8 tot 12 minuten, of tot de vis gemakkelijk uit elkaar valt met een vork, waarbij u hem één keer draait. Breek de tonijn in stukjes.
g) Voeg tonijn toe aan het bonenmengsel; gooien om te combineren.
h) Serveren:
i) Bekleed een serveerschaal met groene salades en schep het bonenmengsel over de greens.
j) Garneer indien gewenst met extra venkeltopjes.

73. Bietenvenkelsalade

INGREDIËNTEN:
- 3 kopjes gehakte greens
- ¼ bol venkel, in dunne plakjes gesneden
- ½ kopje gehakte gekookte broccoliroosjes
- ½ kopje gehakte bieten
- 1 tot 2 eetlepels extra vergine olijfolie
- Sap van ½ citroen

INSTRUCTIES:
a) Meng de greens, venkel, broccoli en bieten in een grote kom.
b) Meng met olijfolie en citroensap.

74. Goji zomersalade

INGREDIËNTEN:
- 3 bollen venkel
- 1 handvol geschaafde amandelen, geroosterd
- 2 sinaasappels
- 2 volle kopjes rucola
- 1 handvol biologische Goji-bessen
- Olijfolie, zout, peper

INSTRUCTIES:
a) Doe de gojibessen in een kom en bedek met water.
b) Schaaf de venkel dun en doe deze in een kom met ijswater.
c) Rooster de amandelen droog in een koekenpan tot ze goudbruin zijn. Opzij zetten.
d) Schil de sinaasappels en snij ze in dunne plakjes.
e) Giet de venkel af en breng op smaak met Himalayazout.
f) Giet de gojibessen af en zet apart.
g) Zet een serveerschaal in de volgende volgorde op elkaar: rucola, stukjes sinaasappel, venkel, gojibessen en garneer met geroosterde amandelen.
h) Maak het geheel op smaak met olijfolie, zout en peper.

75. Venkel-sinaasappelsalade met rucola

INGREDIËNTEN:
- 2 venkelknollen, in dunne plakjes gesneden
- 2 sinaasappels, geschild en in plakjes gesneden
- 4 kopjes babyrucola
- 1/4 kop geroosterde walnoten, gehakt
- 2 eetlepels extra vergine olijfolie
- 1 eetlepel balsamicoazijn
- Zout en peper naar smaak

INSTRUCTIES:
a) Meng in een grote kom de dun gesneden venkel, plakjes sinaasappel en babyrucola.
b) Meng in een kleine kom de extra vergine olijfolie en balsamicoazijn tot de dressing. Breng op smaak met zout en peper.
c) Druppel de dressing over de salade en roer voorzichtig door.
d) Strooi voor het serveren geroosterde walnoten over de salade.

76. Salade van geschoren venkel en appel

INGREDIËNTEN:

- 2 venkelknollen, in dunne plakjes gesneden
- 2 appels, in dunne plakjes gesneden
- 1/4 kop gehakte verse peterselie
- Sap van 1 citroen
- 2 eetlepels honing
- 2 eetlepels extra vergine olijfolie
- Zout en peper naar smaak

INSTRUCTIES:

a) Meng in een grote kom de dun gesneden venkel, de gesneden appels en de gehakte verse peterselie.
b) Meng in een kleine kom het citroensap, de honing en de extra vergine olijfolie tot de dressing. Breng op smaak met zout en peper.
c) Druppel de dressing over de salade en roer voorzichtig door.
d) Serveer de geschaafde venkel-appelsalade direct.

77. Venkel-, radijs- en citrussalade met munt

INGREDIËNTEN:
- 2 venkelknollen, in dunne plakjes gesneden
- 4 radijsjes, in dunne plakjes gesneden
- 2 sinaasappels, geschild en in plakjes gesneden
- 2 eetlepels gehakte verse munt
- 2 eetlepels extra vergine olijfolie
- 1 eetlepel witte wijnazijn
- Zout en peper naar smaak

INSTRUCTIES:
a) Meng in een grote kom de dun gesneden venkel, de gesneden radijsjes, de sinaasappelschijfjes en de gehakte verse munt.
b) Meng in een kleine kom de extra vergine olijfolie en witte wijnazijn tot de dressing. Breng op smaak met zout en peper.
c) Druppel de dressing over de salade en roer voorzichtig door.
d) Serveer de venkel-, radijs- en citrussalade onmiddellijk.

78. Venkel-, avocado- en grapefruitsalade

INGREDIËNTEN:
- 2 venkelknollen, in dunne plakjes gesneden
- 1 avocado, in blokjes gesneden
- 1 grapefruit, geschild en in partjes
- 1/4 kopje geroosterde gesneden amandelen
- 2 eetlepels maanzaad
- 2 eetlepels honing
- 2 eetlepels appelazijn
- 1/4 kop extra vergine olijfolie
- Zout en peper naar smaak

INSTRUCTIES:

a) Meng in een grote kom de dun gesneden venkel, de in blokjes gesneden avocado, de grapefruitpartjes en de geroosterde gesneden amandelen.
b) Meng in een kleine kom de maanzaadjes, honing, appelciderazijn en extra vergine olijfolie om de dressing te maken. Breng op smaak met zout en peper.
c) Druppel de dressing over de salade en roer voorzichtig door.
d) Serveer de venkel-, avocado- en grapefruitsalade onmiddellijk.

79.Salade met venkel, bieten en geitenkaas

INGREDIËNTEN:
- 2 venkelknollen, in dunne plakjes gesneden
- 2 middelgrote bieten, geroosterd en in dunne plakjes gesneden
- 4 ons geitenkaas, verkruimeld
- 1/4 kop gehakte walnoten, geroosterd
- 2 eetlepels balsamicoazijn
- 1/4 kop extra vergine olijfolie
- Zout en peper naar smaak

INSTRUCTIES:
a) Meng in een grote kom de dun gesneden venkel, geroosterde en in dunne plakjes gesneden bieten, verkruimelde geitenkaas en geroosterde walnoten.
b) Meng in een kleine kom de balsamicoazijn en extra vergine olijfolie tot de dressing. Breng op smaak met zout en peper.
c) Druppel de dressing over de salade en roer voorzichtig door.
d) Serveer de salade van venkel, bieten en geitenkaas direct.

80.Citrus-venkelsalade met honing-limoendressing

INGREDIËNTEN:
- 2 venkelknollen, in dunne plakjes gesneden
- 2 sinaasappels, geschild en in plakjes gesneden
- 1 grapefruit, geschild en in plakjes gesneden
- 1/4 kop gehakte verse koriander
- Sap van 2 limoenen
- 2 eetlepels honing
- 2 eetlepels extra vergine olijfolie
- Zout en peper naar smaak

INSTRUCTIES:
a) Meng in een grote kom de dun gesneden venkel, plakjes sinaasappel, plakjes grapefruit en gehakte verse koriander.
b) Meng in een kleine kom het limoensap, de honing en de extra vergine olijfolie tot de dressing. Breng op smaak met zout en peper.
c) Druppel de dressing over de salade en roer voorzichtig door.
d) Serveer de citrus-venkelsalade direct.

81. Salade met venkel, granaatappel en quinoa

INGREDIËNTEN:
- 2 venkelknollen, in dunne plakjes gesneden
- 1 kopje gekookte quinoa
- 1/2 kop granaatappelpitjes
- 1/4 kop gehakte verse peterselie
- 1/4 kop tahini
- Sap van 1 citroen
- 2 eetlepels water
- 1 teentje knoflook, fijngehakt
- Zout en peper naar smaak

INSTRUCTIES:
a) Meng in een grote kom de dun gesneden venkel, gekookte quinoa, granaatappelpitjes en gehakte verse peterselie.
b) Meng in een kleine kom de tahini, het citroensap, het water, de gehakte knoflook, het zout en de peper tot de dressing.
c) Druppel de dressing over de salade en roer voorzichtig door.
d) Serveer de venkel-, granaatappel- en quinoasalade onmiddellijk.

NAGERECHT

82.Venkel Tres Leches Taart Met Zomerbessen

INGREDIËNTEN:
SPONGTAART:
- 1 ½ kopje bloem voor alle doeleinden
- 1 eetlepel bakpoeder
- 1 theelepel kaneel
- ½ theelepel venkelzaad, geroosterd en gemalen
- ½ theelepel korianderzaad, geroosterd en gemalen
- 6 eiwitten
- 1 theelepel zout
- 1½ kopjes kristalsuiker
- 3 eierdooiers
- 2½ theelepel vanille-extract
- ½ kopje melk
- 6 eetlepels melkpoeder

TRES LECHES SOAK:
- 1 kopje volle melk
- 4 eetlepels melkpoeder, geroosterd (gereserveerd uit recept voor biscuitgebak)
- 12 ons kan verdampte melk
- 14 ons kan gecondenseerde melk

Gemacereerde bessen:
- ½ kopje water
- ½ kopje suiker
- Venkelbladeren van 1 bol, gedeeld
- 18 ons bessen naar keuze, in tweeën gedeeld
- 1 eetlepel citroensap

SLAGROOM:
- 1 kopje zware room
- ½ kopje kristalsuiker
- 2 eetlepels karnemelk
- Snufje zout

INSTRUCTIES:
SPONGTAART:

a) Rooster de kruiden 8-10 minuten in een oven van 325 graden en maal ze vervolgens fijn met een kruidenmolen, vijzel en stamper of blender.
b) Verwarm de oven voor op 300 graden.
c) Voeg 6 eetlepels melkpoeder toe aan een hittebestendige pan en plaats deze in de oven. Roer en draai elke 5 minuten totdat het poeder de kleur van zand heeft.
d) Verhoog de hitte tot 350 graden.
e) Bekleed een taartvorm van 9 bij 13 inch met perkamentpapier; vet het perkamentpapier goed in met spray of olie.
f) Zeef de bloem, bakpoeder, kaneel, venkel en koriander in een grote mengkom en klop.
g) Doe het eiwit en het zout in de kom van een keukenmixer en meng met een garde op gemiddelde snelheid tot het schuimig is. Blijf kloppen tot het luchtig is en het eiwit zachte pieken behoudt.
h) Strooi langzaam de kristalsuiker in de lopende mixer en blijf kloppen tot het eiwit middelgrote pieken vormt.
i) Voeg, terwijl de mixer draait, de eierdooiers één voor één toe, en vervolgens de vanille, en meng tot deze is opgenomen.
j) Klop 2 eetlepels van het geroosterde melkpoeder door de melk. Zet de rest van het melkpoeder opzij voor later gebruik.
k) Haal de meringue uit de mixer en spatel de helft van het droge mengsel erdoor met een rubberen spatel.
l) Giet de helft van het melkmengsel erbij en blijf vouwen, draai de kom en vouw met de klok mee vanuit het midden naar de rand.
m) Voeg de resterende droge ingrediënten toe en blijf vouwen. Voeg het resterende melkmengsel toe en meng tot het gemengd is, maar zorg ervoor dat u niet te veel mengt.
n) Doe het beslag in de voorbereide pan en strijk het in de hoeken glad met een spatel.
o) Bak gedurende 10-12 minuten en draai elke 5 minuten om een gelijkmatige baktijd te garanderen.
p) Haal het uit de oven als de taart gelijkmatig bruin is en de randen iets van de pan loskomen.

q) Laat afkoelen tot kamertemperatuur.

TRES LECHES SOAK:

r) Voeg in een blender de melk, de rest van het geroosterde melkpoeder, de verdampte melk en de gecondenseerde melk toe. Meng om op te nemen.

s) Giet het over de taart en zet de geweekte taart in de koelkast tot hij klaar is om te serveren.

Gemacereerde bessen:

t) Breng in een pan water aan de kook en voeg dan suiker toe. Klop om te combineren.

u) Voeg een flinke handvol felgroene venkelbladeren toe en bewaar een deel voor garnering. Haal van het vuur en laat trekken tot de siroop is afgekoeld tot kamertemperatuur.

v) Zeef de siroop.

w) Ongeveer 30 minuten voor het serveren de helft van de bessen in de siroop en het citroensap macereren. Bewaar de overgebleven bessen voor garnering.

SLAGROOM:

x) Voeg in een keukenmixer met garde de slagroom, suiker, karnemelk en zout toe en meng op gemiddelde snelheid tot er middelgrote pieken ontstaan.

y) Koel tot klaar om te serveren.

MONTAGE:

z) Snijd de Tres leches taart in plakjes. Bestrijk elk plakje met slagroom en garneer met verse bessen, gemacereerde bessen en venkelbladeren.

83. Geroosterde peer en blauwe kaassoufflé

INGREDIËNTEN:
- Handvol gedroogd broodkruim
- 2 stevige dessertperen, 1 geschild, 1 ongeschild gelaten, in vieren gedeeld
- 50 g boter
- 2 theelepels zachte bruine suiker
- 4 verse takjes tijm, plus 2 extra
- Gerookt zout
- 1½ eetlepel gewone bloem
- 125 ml volle melk, opgewarmd
- 2 grote vrije-uitloopeieren, gescheiden
- 75 g romige blauwe kaas, verkruimeld

VOOR DE BITTERE BLAD SALADE
- 1 witlof, blaadjes gescheiden
- ½ venkelknol, in dunne plakjes gesneden
- Handvol waterkers en rucolablaadjes
- Een handvol walnoten, grof gehakt

VOOR DE KLEDING
- 1½ eetlepel extra vergine olijfolie
- 1 theelepel Dijon-mosterd
- 2 theelepels witte wijnazijn

INSTRUCTIES:

a) Strooi paneermeel in de ingevette ovenschaal en draai om zodat de binnenkant bedekt is. Verwarm de oven tot 200°C.
b) Doe alle plakjes peer in een koekenpan op hoog vuur met 25 g boter, de suiker, een scheutje water en de tijm.
c) Breng aan de kook, zet het vuur iets lager en kook gedurende 15-20 minuten of tot het zacht en gekarameliseerd is.
d) Breng op smaak met gerookt zout en gemalen zwarte peper. Zet opzij om een beetje af te koelen.
e) Verhit ondertussen de overige boter in een pan. Als het schuimt, roer je de bloem erdoor en kook je al roerend met een spatel 3-4 minuten tot het naar koekjes ruikt.
f) Haal de pan van het vuur en klop de warme melk erdoor tot een gladde massa. Laat 3-4 minuten zachtjes sudderen, roer tot het glad en dik is.
g) Haal de pan van het vuur en meng de eierdooiers en de helft van de blauwe kaas erdoor. Doe de helft van de peren in de voorbereide schaal.
h) Klop in een schone mengkom de eiwitten met een elektrische handmixer tot er middelmatige stijve pieken ontstaan.
i) Meng 1 eetlepel eiwit door het eigeelmengsel om het los te maken, en spatel vervolgens voorzichtig maar snel de rest erdoor met een metalen lepel.
j) Giet het mengsel in de schaal en bestrooi met de resterende kaas.
k) Bak gedurende 18-20 minuten tot het opgeblazen is, maar met een lichte wiebeling.
l) Meng ondertussen de salade-ingrediënten met de overgebleven peren.
m) Klop de ingrediënten voor de dressing door elkaar, sprenkel over de salade en breng op smaak met zwarte peper.
n) Serveer de soufflé onmiddellijk, bestrooid met de extra tijm, samen met de salade en eventueel wat knapperig brood.

84.Venkel- en Sinaasappelsorbet

INGREDIËNTEN:
- 2 kopjes water
- 1 kopje kristalsuiker
- 2 venkelknollen, in dunne plakjes gesneden
- Schil en sap van 2 sinaasappels

INSTRUCTIES:
a) Meng water en suiker in een pan. Verhit op middelhoog vuur, roer tot de suiker is opgelost.
b) Voeg de gesneden venkelknollen toe aan de pan en breng het mengsel aan de kook. Laat ongeveer 5 minuten sudderen.
c) Haal de pan van het vuur en roer de sinaasappelschil en het sap erdoor.
d) Laat het mengsel afkoelen tot kamertemperatuur en doe het vervolgens in een blender. Mixen tot een gladde substantie.
e) Zeef het mengsel door een fijne zeef om eventuele vaste stoffen te verwijderen.
f) Giet het gezeefde mengsel in een ijsmachine en draai het volgens de instructies van de fabrikant tot het een sorbetconsistentie heeft bereikt.
g) Doe de sorbet in een bakje en vries hem minimaal 4 uur in voordat je hem serveert.

85. Venkel en Honing Panna Cotta

INGREDIËNTEN:
- 2 kopjes zware room
- 1/4 kopje honing
- 2 theelepels gelatinepoeder
- 2 eetlepels water
- 1 venkelknol, in dunne plakjes gesneden

INSTRUCTIES:
a) Verhit de slagroom en de honing in een pan op middelhoog vuur tot het net begint te koken, af en toe roerend.
b) Strooi het gelatinepoeder in een kleine kom over het water en laat het een paar minuten staan om te bloeien.
c) Voeg de dun gesneden venkelknol toe aan het roommengsel en laat ongeveer 5 minuten koken.
d) Haal de pan van het vuur en laat de venkelplakken uitlekken.
e) Doe het roommengsel terug in de pan en klop de uitgebloeide gelatine erdoor tot deze volledig is opgelost.
f) Verdeel het mengsel over serveerglazen of schaaltjes en zet het minimaal 4 uur in de koelkast, of tot het opgesteven is.
g) Serveer de panna cotta gekoeld, eventueel gegarneerd met een venkelblad.

86. Venkel- en citroenzandkoekkoekjes

INGREDIËNTEN:
- 1 kopje ongezouten boter, verzacht
- 1/2 kopje kristalsuiker
- 2 kopjes All-purpose Flour
- Schil van 1 citroen
- 2 theelepels fijngehakt venkelzaad

INSTRUCTIES:
a) Verwarm de oven voor op 175°C (350°F) en bekleed een bakplaat met bakpapier.
b) Klop in een grote mengkom de zachte boter en de kristalsuiker tot een licht en luchtig geheel.
c) Voeg de bloem, de citroenschil en het fijngehakte venkelzaad toe aan de kom. Meng tot er een deeg ontstaat.
d) Rol het deeg uit op een met bloem bestoven oppervlak tot een dikte van ongeveer 1/4 inch. Gebruik koekjesvormers om de gewenste vormen uit te snijden.
e) Plaats de koekjes op de voorbereide bakplaat en bak ze in de voorverwarmde oven gedurende 10-12 minuten, of tot de randen licht goudbruin zijn.
f) Laat de koekjes een paar minuten afkoelen op de bakplaat voordat je ze op een rooster legt om volledig af te koelen.
g) Eenmaal afgekoeld zijn de koekjes klaar om te serveren en te genieten!

87. Venkel- en amandeltaart

INGREDIËNTEN:
- 1 kopje bloem voor alle doeleinden
- 1 theelepel bakpoeder
- 1/4 theelepel zout
- 1/2 kop ongezouten boter, verzacht
- 1/2 kopje kristalsuiker
- 2 grote eieren
- 1/4 kopje melk
- 1/2 theelepel amandelextract
- 1 venkelknol, fijn geraspt
- 1/4 kopje gesneden amandelen
- Poedersuiker, om te bestuiven (optioneel)

INSTRUCTIES:

a) Verwarm de oven voor op 175 °C (350 °F) en vet een ronde taartvorm van 23 cm in.
b) Meng in een middelgrote kom de bloem, het bakpoeder en het zout. Opzij zetten.
c) Klop in een grote mengkom de zachte boter en de kristalsuiker tot een licht en luchtig geheel.
d) Klop de eieren één voor één erdoor tot ze goed gemengd zijn. Roer het amandelextract erdoor.
e) Voeg geleidelijk de droge ingrediënten toe aan de natte ingrediënten, afgewisseld met de melk, en meng tot alles net gemengd is.
f) Spatel de fijn geraspte venkelknol erdoor tot deze gelijkmatig door het beslag is verdeeld.
g) Giet het beslag in de voorbereide taartvorm en strijk de bovenkant glad met een spatel. Strooi de gesneden amandelen gelijkmatig over de bovenkant.
h) Bak in de voorverwarmde oven gedurende 30-35 minuten, of totdat een tandenstoker die je in het midden steekt er schoon uitkomt.
i) Laat de taart 10 minuten afkoelen in de vorm en breng hem vervolgens over naar een rooster om volledig af te koelen.
j) Eenmaal afgekoeld, bestuif je de bovenkant van de taart met poedersuiker voordat je hem in stukken snijdt en serveert.

SPECERIJEN

88. Ingelegde granaatappel, venkel en komkommer

INGREDIËNTEN:
- ½ kopje appelazijn
- 1 eetlepel agavesiroop
- ¼ theelepel fijn zeezout
- 1 theelepel gemalen hele korianderzaadjes
- 1 takje verse rozemarijn
- ½ kopje dun gesneden rode ui
- ¾ kopje Engelse komkommer, gesneden in stokjes van ¼ bij 1 inch
- ½ kopje gesneden venkel
- 1 kopje POM Granaatappelpitten

INSTRUCTIES:

a) Combineer appelciderazijn, agavesiroop, zout, gemalen korianderzaad en rozemarijn in een mengkom. Roer het mengsel door en plet de rozemarijn lichtjes met een lepel.

b) Voeg de groenten en de POM-granaatappelpitten toe aan de kom en roer om ze te bedekken met het beitsvocht. Laat het mengsel 15 tot 20 minuten staan, af en toe roeren.

c) Het ingelegde mengsel kan maximaal een week in de koelkast worden bewaard. Serveer het met crackers of crostini, samen met kaas.

89. Venkel Mango Augurk

INGREDIËNTEN:
- 2 kopjes rauwe mango, geschild en in blokjes gesneden
- ½ kopje mosterdolie
- 1 eetlepel mosterdzaad
- 1 theelepel fenegriekzaden
- 1 theelepel venkelzaad
- 1 theelepel kurkuma
- 1 eetlepel rode chilipoeder
- 1 eetlepel zout
- 1 eetlepel rietsuiker (optioneel, voor zoetheid)

INSTRUCTIES:
a) Verhit mosterdolie tot het rookt en laat het dan iets afkoelen.
b) Droog de mosterdzaadjes, fenegriekzaadjes en venkelzaadjes in een pan tot ze geurig zijn. Maal ze tot een grof poeder.
c) Meng het gemalen kruidenpoeder met kurkuma, rode chilipoeder, zout en rietsuiker.
d) Meng in een kom de in blokjes gesneden rauwe mango met het kruidenmengsel.
e) Giet de licht afgekoelde mosterdolie over het mangomengsel en meng goed.
f) Doe de mango-augurk in schone potten, sluit hem goed af en laat hem een paar dagen rijpen voordat je hem serveert.

90. Venkel Ananas Augurk

INGREDIËNTEN:
- 2 kopjes ananas, in blokjes gesneden
- ½ kopje witte azijn
- ½ kopje suiker
- 1 theelepel mosterdzaad
- 1 theelepel venkelzaad
- 1 theelepel rode chilivlokken
- ½ theelepel kurkuma
- ½ theelepel zwart zout

INSTRUCTIES:

a) Meng in een pan witte azijn, suiker, mosterdzaad, venkelzaad, rode chilivlokken, kurkuma en zwart zout. Verwarm tot de suiker oplost.

b) Voeg de in blokjes gesneden ananas toe aan de pan en laat sudderen tot de ananas iets zachter wordt.

c) Laat de zoete en pittige ananas-augurk afkoelen voordat je hem in schone potten doet. Afdichten en in de koelkast bewaren.

d) Deze augurk is een heerlijke begeleider van gegrild vlees, maar kan ook zo gegeten worden.

91.Kiwi en Venkel Augurk

INGREDIËNTEN:
- 4-5 rijpe kiwi's, geschild en in blokjes gesneden
- 1 eetlepel mosterdzaad
- 1 theelepel venkelzaad
- 1 theelepel komijnzaad
- ½ theelepel kurkumapoeder
- ½ theelepel rode chilipoeder (naar smaak aanpassen)
- 1 eetlepel gember, fijngehakt
- 2-3 teentjes knoflook, fijngehakt
- ½ kopje witte azijn
- 2 eetlepels suiker
- Zout naar smaak
- 2 eetlepels plantaardige olie

INSTRUCTIES:
a) Schil de kiwi's en snijd ze in kleine, hapklare stukjes.
b) In een kleine pan droog je het mosterdzaad, venkelzaad en komijnzaad tot ze hun aroma vrijgeven. Maal ze tot een grof poeder.
c) Verhit plantaardige olie in een pan op middelhoog vuur. Voeg gehakte gember en gehakte knoflook toe. Sauteer tot het geurig is.
d) Voeg het gemalen kruidenpoeder, kurkumapoeder en rode chilipoeder toe. Roer goed om te combineren.
e) Voeg de in blokjes gesneden kiwi's toe aan het kruidenmengsel. Roer voorzichtig zodat de kiwi's bedekt zijn met de kruiden.
f) Giet witte azijn erbij en voeg suiker toe. Meng goed en laat het ongeveer 5-7 minuten sudderen tot de kiwi's iets zachter worden.
g) Proef de augurk en pas zout en suiker naar wens aan. Laat nog een paar minuten sudderen tot de smaken zich vermengen.
h) Laat de kiwi-augurk volledig afkoelen voordat je hem in een schone, luchtdichte pot doet. Zet minimaal een paar uur in de koelkast voordat u het consumeert.

92. Venkel- en Appelchutney

INGREDIËNTEN:
- 2 venkelknollen, fijngesneden
- 2 appels, geschild, klokhuis verwijderd en in fijne blokjes gesneden
- 1 ui, fijn gesneden
- 1/2 kopje appelciderazijn
- 1/4 kopje bruine suiker
- 1/4 kop rozijnen
- 1 theelepel gemalen gember
- 1/2 theelepel gemalen kaneel
- 1/4 theelepel gemalen kruidnagel
- Zout, naar smaak

INSTRUCTIES:
a) Meng alle ingrediënten in een pan op middelhoog vuur.
b) Breng het mengsel aan de kook en zet het vuur laag.
c) Laat de chutney koken, af en toe roeren, tot hij dikker wordt en de smaken samensmelten, ongeveer 30-40 minuten.
d) Zodra de chutney de gewenste consistentie heeft bereikt, haal je hem van het vuur en laat je hem volledig afkoelen.
e) Doe de chutney in gesteriliseerde potten en bewaar in de koelkast. Het kan enkele weken bewaard worden.

93.Venkel en sinaasappelmarmelade

INGREDIËNTEN:
- 2 venkelknollen, in dunne plakjes gesneden
- 2 sinaasappels, schil en sap
- 1 citroen, schil en sap
- 2 kopjes kristalsuiker
- 1/2 kopje water

INSTRUCTIES:
a) Meng in een grote pan de gesneden venkel, sinaasappelschil en -sap, citroenschil en -sap, suiker en water.
b) Breng het mengsel op middelhoog vuur aan de kook, zet het vuur laag en laat het ongeveer 1 uur sudderen, af en toe roeren.
c) Blijf koken totdat het mengsel dikker wordt en de gewenste consistentie heeft bereikt.
d) Zodra de marmelade klaar is, haal je hem van het vuur en laat je hem iets afkoelen.
e) Doe de marmelade in gesteriliseerde potten en sluit deze goed af. Laat het volledig afkoelen voordat u het in de koelkast bewaart. Het kan enkele maanden bewaard worden.

94. Venkel- en mosterdsaus

INGREDIËNTEN:
- 2 venkelknollen, fijngehakt
- 1/2 kopje mosterdzaad
- 1/4 kopje witte wijnazijn
- 2 eetlepels honing
- 1 theelepel gemalen kurkuma
- Zout, naar smaak

INSTRUCTIES:
a) Rooster de mosterdzaadjes in een droge koekenpan op middelhoog vuur tot ze geurig worden, ongeveer 2-3 minuten.
b) Meng in een pan de gehakte venkel, het geroosterde mosterdzaad, de witte wijnazijn, de honing, de gemalen kurkuma en het zout.
c) Breng het mengsel aan de kook, zet het vuur laag en laat het ongeveer 20-25 minuten sudderen, of tot de venkel gaar is en het mengsel dikker wordt.
d) Haal de saus van het vuur en laat hem volledig afkoelen.
e) Breng de smaak over naar gesteriliseerde potten en bewaar in de koelkast. Het kan enkele weken bewaard worden.

DRANKJES

95. Frambozen- en venkellimonade

INGREDIËNTEN:
- 8 ons water
- 8 ons frambozen + extra om te garneren
- 4 eetlepels suiker
- 1 theelepel venkelzaad
- sap van 2 citroenen
- gekoeld water

INSTRUCTIES:
a) Meng de frambozen in een pot of pan met de suiker, venkelzaad en water en kook op matig vuur.
b) Kook tot de frambozen pulpachtig zijn.
c) Laat het afkoelen tot kamertemperatuur.
d) Mix het frambozenmengsel tot een gladde puree. Zeef en meng het citroensap erdoor.
e) Serveer, overgoten met gekoeld water.
f) Garneer met de achtergehouden frambozen.

96. Opfriscursus met roos, meloen en venkel

INGREDIËNTEN:
- 1 kopje meloenstukjes
- 1 eetlepel dragon
- Eetbare rozenblaadjes
- 2 liter gefilterd water
- ½ venkelknol, in dunne plakjes gesneden

INSTRUCTIES:
a) Doe de ingrediënten in een glazen fles.
b) Zet een paar uur in de koelkast om te laten trekken.

97. Kamille- en venkelthee

INGREDIËNTEN:
- 1 theelepel kamillebloemen
- 1 theelepel venkelzaad
- 1 theelepel moerasspirea
- 1 theelepel heemstwortel, fijngehakt
- 1 theelepel duizendblad

INSTRUCTIES:
a) Doe de kruiden in een theepot.
b) Kook water en voeg het toe aan de theepot.
c) Laat 5 minuten trekken en serveer.
d) Drink 3 keer per dag 1 mok van de infusie.

98.Sinaasappel-Venkel Kombucha

INGREDIËNTEN:
- 16 kopjes zwarte thee kombucha
- 4 eetlepels venkelzaad
- 3 eetlepels gekonfijte gember, fijngehakt
- 1 eetlepel gedroogde sinaasappelschil

INSTRUCTIES:
a) Voeg in een pot van gallonformaat de kombucha, venkelzaad, gekonfijte gember en gedroogde sinaasappelschil toe.
b) Dek de pot goed af en laat de aromaten 24 uur bij kamertemperatuur trekken.
c) Zeef de kombucha om de kruiden te verwijderen.
d) Giet de kombucha met behulp van een trechter in flessen en laat een centimeter ruimte vrij in de flessenhals. Sluit de flessen af en plaats ze op een warme plaats, ongeveer 22°C, om 48 uur te laten gisten.
e) Bewaar 1 fles gedurende 6 uur in de koelkast, totdat deze volledig gekoeld is.
f) Open de fles en proef je kombucha. Als het naar uw tevredenheid bruist, bewaar dan alle flessen in de koelkast om de gisting te stoppen.
g) Zodra het gewenste bruisen en zoetheid is bereikt, bewaart u alle flessen in de koelkast om de gisting te stoppen.
h) Zeef voor het serveren om giststrengen en smaakpulp te verwijderen.

99. Lavendel- en venkelzaadthee

INGREDIËNTEN:
- 1 kopje water
- ½ theelepel lavendelknoppen
- een paar gedroogde rozenblaadjes
- 10-12 muntblaadjes
- ½ theelepel venkelzaad

INSTRUCTIES:
a) Verwarm het water in een waterkoker of pan tot het begint te koken.
b) Voeg lavendelknoppen, rozenblaadjes, venkelzaad en muntblaadjes toe aan een koffiepers.
c) Voeg het hete water toe.
d) Laat het mengsel 4 minuten trekken.
e) Druk de zuiger naar beneden.
f) Serveer de thee in een kopje.

100. Venkelzaad windafdrijvende thee

INGREDIËNTEN:
- 1 kopje water
- 1 eetlepel venkelzaad

INSTRUCTIES:
a) Breng het water en het venkelzaad aan de kook .
b) Laat het 15 minuten zitten .

CONCLUSIE

Nu we onze reis door de wereld van venkel afsluiten, hoop ik dat dit kookboek je heeft geïnspireerd om de smaak en veelzijdigheid van dit ondergewaardeerde ingrediënt in je eigen keuken te ontdekken. "'Het ultieme venkelkookboek'" is gemaakt met een passie voor het vieren van de unieke smaak en het culinaire potentieel van venkel, en biedt een gevarieerd aanbod aan recepten voor elke smaak en gelegenheid.

Bedankt dat je met mij meegaat op dit culinaire avontuur. Moge uw keuken gevuld zijn met het heerlijke aroma van geroosterde venkel, de verfrissende knapperigheid van geschaafde venkelsalades en de hartige goedheid van met venkel doordrenkte hoofdgerechten. Of u venkel nu verwerkt in klassieke recepten of experimenteert met nieuwe culinaire creaties, moge elke hap een viering zijn van de verrukkingen van dit veelzijdige en smaakvolle ingrediënt.

Tot we elkaar weer ontmoeten, veel kookplezier en mogen uw culinaire avonturen blijven inspireren en verrukken. Proost op de wondere wereld van venkel en de eindeloze mogelijkheden die het naar onze tafels brengt!

www.ingramcontent.com/pod-product-compliance
Lightning Source LLC
Chambersburg PA
CBHW071323110526
44591CB00010B/998